JN408980

삼호 가는 길

삼호 가는 길

| 권 동 웅 작품집 제2집 |

도서출판 천우

존사람의 시와 수필과의 만남

• • •

국정농단이다, 탄핵이다, 촛불집회다, 태극기집회다, 2016년부터 시작된 국민 분열의 모습들은 해가 바뀌어도 좀체 식을 줄 모른다.

수없이 많은 사람들이 사는 국가이니만큼 나라 사랑하는 방법에서 차이가 나는 것은 어쩔 수 없다하더라도 나라 사랑하는 마음은 같아야 하는데 이건 나라 사랑하기 때문에 그러한 것인지 아니면 자기들의 이익 때문인지 의문이 가는 경우가 허다하니 안타깝다.

해가 바뀌어 2017년이 되어 정권이 바뀌어도 식을 줄 모른다.

또 한 해를 지난다. 2018년이 되어도 마찬가지이니 그 끝은 어디일까? 나보다 우리보다 국가를 먼저 생각하는 마음을 가져야 하겠다.

내가, 우리가 손해를 보더라도 '국가를 위하는 길이고 방법이라면' 양보하고 협조하는 마음을 가져야겠다.

포도

여름 금호 넓은 들녘
한낮 햇빛은 쨍쨍 무쇠 달구려는 듯 내리쬐고
바람은 흠뻑 물 머금은 구름을 몰고 와
무쇠 식히려는 듯 쏴– 비를 뿌린다.

불에 달궜다. 물에 식혔다.

반복의 동작은 명검(名劍)의 재질로 변화시켜 놓았다
대장장이 두드리는 망치 소리에 보검(寶劍)의 탄생을 듣는 듯

농부는 봄부터 여름 내내 뙤약볕에서
값 비싼 땀에 흠뻑 젖은 몸으로 맛 나는 포도를 일군다.
예닐곱 알을 입안에 넣어 확 터뜨리면
꿀같이 맛 나는 단물은 스르르 목으로 넘어간다.

멀리 무학산 기슭 붉게 빛나는 노을과 함께
땅거미가 스멀스멀 기어 다닐 쯤 들녘엔
까만 얼굴로 파란 얼굴을 한
한아름 긴 줄이 된 반들 윤기 흐르는 큰 포도송이들이
내 주인인 구릿빛 얼굴의 농부를 반긴다.

(노구를 이끌고 고생하는 친구들에게 이 시를 바친다.)

● 작가의 말

흔히들 줄을 잘 서야 한다고 말합니다. 줄을 잘 서면 하루 아침에 장관도 되고 수석도 됩니다. 권력을 잡고 요즘 흔히들 하는 말로 발밑에 많은 사람을 거느리고 거들먹거리면서 힘을 휘두르기도 하고 돈을 많이 벌기도 합니다.

그러나 줄을 잘 선 덕이 나를 위한 일들에 사용되어서는 안 됩니다. 나와 관계되는 혈연 지연 학연으로 얽힌 사람들만을 위한 줄이 되어서는 안 될 것입니다.

줄을 잘 섰더니

남을 위해 봉사하고 희생하는 기회가 많아졌으며 여기 저기 불려 다니며 보살펴야 하는 일들의 연속이었습니다.

하루하루 고달프고 힘든 삶이지만 보람만은 하늘을 찌를 듯 더 높은 나의 삶이었습니다.

줄을 잘 선 덕에 죽어 영원한 하늘의 보화를 얻을 수 있는 기회를 주심에 감사합니다.

어느 종교인의 독백 같은 삶을 살아야 합니다.

공직자들의 삶도 이와 같아야 한다고 생각합니다.

2022년 9월

존사람 권동웅

포도 • 6 | 작가의 말 • 7

시-1 나라를 위하여

기억 저편 • 15
구루마 동태 • 16
단군 할아버지 • 18
무지개 • 19
차별 • 20
춘래 불사춘(春來 不似春) • 22
편 가르지 마라 • 23
40줄에 돌아가신 분들 • 24
신부님 영전에 • 26
가난한 시절 • 28
걱정이다 • 29
신사대주의 • 30
엽전(葉錢) • 32
조기유학과 동남아 신부 • 34
북쪽 인민의 파스카 축제 • 38
마음 아픈 모습이다 • 40
웅비(雄飛)의 시대 • 42
어느 누가 없어도 • 43

시-2 사계절

봄은 • 47
봄의 만가(滿假) • 48
꽃밭에서 • 50
사색의(思索依) • 51
춘궁(70년대) • 52
봄이 오는 소리 • 54
여름은 • 55
꽃 속에서 • 56
소낙비 • 57
소낙비 2 • 58
가을의 소리 • 59
햇빛은 무슨 색일까 • 60
낙엽 3 • 62
바람과 비 • 63
가을 배달부 • 64
딴은 맞다 • 65
레드카드와 옐로카드 • 66
가을이 좋다 • 68

단풍 • 69
늦가을 • 70
낙엽의 군무(群舞) • 72
귀뚜라미 • 74
하얀 눈이 소리되어 • 75
또 다른 겨울 풍경 • 76
초겨울의 소리 • 77
좁쌀 전구 • 78
눈 오시는 날 • 79
겨울의 강 • 80
농부 마음 • 81

시-3 사랑에 대하여

마음 가는 대로 사소서 • 85
이승과 저승 • 86
5월의 장미 • 87
부부란 • 88
사랑 • 89
안다 한들 • 90
눈물과 빗물 • 91
사랑이란 • 92
세월의 잔재 • 93
맞바람 • 94
말 아닌 행동 • 96
부부 • 97
텔레파시 • 98
5월에 장미가 된 당신 • 100
기도란 • 101
살다보니 • 102
진정한 자유인 • 104
순리(順理) • 106
무지의 소치 • 107
오수(午睡) • 108
넘어진 김에 • 109
바람아 • 110
90 나이에 • 112
시간 마음 앞에 서면 • 114
헛간 • 115
세상사 • 116
비는 오락가락 • 118
파도 • 120
본 • 121
웃음 • 122
아이들의 거울 • 124
행복이란 • 125
여보 미안해 • 126
아랫목에서 윗목 • 128

70년대 남산동 • 129
햇빛 • 130
인간이고 싶어라 • 132
삶의 거처를 옮아가다 • 134
제언(提言) • 136
허공 • 137
남매지 4계 • 138
인내와 끈기 • 140
비닐하우스 • 141
금호강 피라미 • 142
자연의 이치 • 143
죽배이 절 • 144
결과의 산물 • 145
상상이라도 할 수 없을 거야 • 146
여름 천막 수업 • 147
나무야! 나무야! • 148
옥탑 그리고 반 지하방 • 150
종로의 조각상 셋(젊음의 거리) • 151
억장 무너지는 소리 • 155
마동 할머니 • 156
석양이 붉은 이유 • 158
일출봉 정상 • 159
여수항 • 160
사람의 목숨 • 162
달동네 • 163
신분상승 • 164
문화재 • 165
백령도(白翎島) 두문진에 서니 • 166
장마철 • 168
업(業) • 169
마당 발 • 170
제주도 말 • 171
송악산(松岳山) 보려 • 172
우도 • 173
초등학교 운동장 • 174
정말 못난 사람 • 175
감 되어야지 • 176
질그릇 안의 쑥 • 177
조그마한 축구공에 • 178
충고 하나 • 180
하얀 파도 • 182
화무십일홍(花無十日紅) • 183
성형미인과 정원수 • 184
기다림 • 185
초가 한 칸 • 186
그림 한 장의 기쁨 • 187
탱자나무에 달린 사과 • 188
시골집 • 189
한여름 밤 야외 음악당 • 190
들꽃 • 192
비 온 뒤 • 194
여수항 음악 분수대 • 195
여수 오동도에서 • 196
어머님의 기도 • 197

흙이 주는 겸손 • *198*
흐르는 물 • *199*
물 • *200*
흙 2 • *201*
위로 • *202*
강 • *203*
내 마음에 • 204
늘 푸른 대나무 • 205
자연의 이치 • 206
밖에 내리는 비는 • *208*
세월 가면 • *209*
앞산 아래 곱창 골목(안지랑이) • *210*
북두칠성 • *212*
성당 • *213*
본 만큼 행한다 • *214*
민중(民衆)의 해학(諧謔) • *216*
오라하지 않아도 • *218*
홈런 • *219*
살풀이 • *220*
동해 비학산에서 • *222*
지가 뭐 목사라고 • *223*
차이 • *224*

수필

거들먹거리다 제대했습니다 • *227*
6 · 25 동란(動亂) 중에 • *233*
우리들 어릴 때 • *247*
역사적 사찰도 왕후장상(王侯將相) 없지만 • *251*
50여 년 만의 수학여행 • *258*
고급스런 경쟁 • *264*
변하지 않은 인심 • *269*
작은 고통 하느님 큰 사랑 • *274*
통일을 위하여 • *282*
선진국 그 아무 나라나 되는 것 아니다 • *285*
기억 저편 • *292*
야탑에서 강동까지(수녀님을 뵈오려) • *297*

시-1

나라를 위하여

기억 저편

글을 쓸 때마다, 아니 깊은 생각에 잠길 때마다
저 먼 기억 저편에서 얘기하시는
조상들의 자성(自省)의 목소리를 듣습니다.
넓은 만주 벌판을 두고 반도로 내몰려 쪼그라든 국토에서
강대국의 눈치나 살피면서 전전긍긍하며
약소국(弱小國)으로 살아야 하는가를
이렇게 말씀하십니다.
답은 둘이다.
하나는
백성 모두가 정직하면 된다.
둘은
학연 지연 혈연 학맥 인맥 혈맥 이것을 버리면 된다.

구루마 동태

갓 뗌 구루마 동태 누가 돌렸나?
집에 와서 생각하니 내가 돌렸다.
무슨 뜻일까?
내 어릴 적 불렀던 노래 중 한 소절
그때는 아무 생각 없이 불렀던 노래이었나.
지금 생각하니
자리를 모면하기 위해서 거짓말을 하고 난 후
집에 와서 가만히 생각하니
내 잘못이었다.
백성들의 반성이며 한탄은 아닐까?
누구랄 것도 없이 모두의 잘못이다.
어린이들이 부른 이 노래는
나라 빼앗긴 백성들의 반성이며 한탄이다.

* 갓 뗌 구루마(수레의 일본 말) 동태(바퀴의 경상도 전라도 일부 지방의 방언) 누가 돌렸나?
카떼쿠루조도이...(태평양전쟁 때 일본 군가. 이기고 돌아가리라는 비장한 각오를 밝힌.)
(노영 야영의)노래에서 따온 가락이라는 것은 아주 먼 후일에야 알았습니다. 누군가가 일본 군가에 비슷한 발음의 우리말로 옮겨 놓은 극히 평범한 것일 수도 있습니다. 하지만 달리 생각해 보면 대부분의 구전 노래가 그렇듯이 무언가 감추어진 뜻이 있을 수 있습니다. 원치 않은 전쟁에 참전했던 사람이 고향으로 돌아와 황폐한 강토를 바라보면서 탄식하는 장면을 그려봅니다.
그는 이렇게 중얼거렸을지도 모릅니다.
누구 때문에 우리가 이런 꼴을 당해야 했단 말인가?
그는 곧 자답합니다.
그래 누구의 탓도 아니야 역사의 수레바퀴를 잘못 돌린 것은 우리들 자신이었어. 그리고 전선에서 불렀던 군가에 새로이 노래 말을 붙여 시니컬하게 흥얼거렸고 이 노래가 널리 퍼져 동네꼬마들 입에 오르내렸다면 나의 지나친 유추일지 모른다.(네이버에서 따옴)

단군 할아버지

한 사람을 두고 한쪽은 90% 지지 다른 한쪽은 10% 안 된다.
같은 잣대라지만 아닌 모양이지요?
처한 위치 사는 곳에 따라 구구 각각이다.
한곳에서는 애국자가 다른 한쪽에서는 천하에 죽일 몹쓸 놈이 된다.
같다 똑같다, 우리는 같다, 아무리 구호 마구 외쳐도
자신을 억누르며 자기 지역이 좀 손해라도 나라 전체가 도움 된다면
양보하고 손해 보려는 마음 없다면 다를 수밖에 없다.
반만년 역사 긴 세월 동안 한 얼굴 한 피 한 얼로 살아왔다.
그러면서도 왜 우리는 이렇게 갈라지고 찢어지는가?
남북이 갈라져 총칼로 서로 죽고 죽이기를 반세기 훨씬 넘고
또 동서로 갈라지려 한다.
중앙집권이 어떻고 지방분권이 어떻고
또 세포 분열하듯 또 쪼개지려 한다.
강남이 어떻고 강북은 또 어떻고
동남 신공항은 또 어떻고 풍비박산이다.
단군 할아버지 어떻게 하면 좋을까요?
나 몰라 하지 마소서 기도드린다.

무지개

기억 저편의 내 어릴 적 여름날
한줄기 퍼붓고 난 후
동쪽 하늘에도 서쪽 하늘에도
일곱 빛깔 아름다운 무지개
가끔은 쌍무지개
요즘은 통 나타나지 않는다
오염 탓이라고 한다
인간은 황금만능으로 부패되었고
자연은 그 인간으로 인하여 더러워졌다
자기들이 젊어지고 가야 할 십자가를
도시의 수없는 건물 위에
뾰족탑을 겉치레로 걸쳐 놓았다
믿는다는 것이
가식이요 요식이며 어떤 경우에는 삶의 한 방편이니
하느님 수고롭게 구약의 약속 무지개
만들 이유 없잖은가?

차별

고속버스로 새벽 분당에서 대구로 오는 길
어수룩한 한 중년 아줌마와 옆자리
한두 마디 말 물음 뒤에 터져 나온 한숨
자기는 조선족이라 한다.
다 참을 수 있는데 못 산다고 무시하는 것
그게 제일 마음 아프단다.
여보 시계들! 한 번 들어 보이소
일본에 사는 동포는 재일동포이고
미국에 사는 동포는 재미동포인데
왜 중국에 사는 동포는 조선족이며
러시아에 사는 동포는 고려인인가?
알다가도 모를 일이다.
잘 사는 나라 동포는 동포이고 못 사는 나라 동포는
남의 나라 망한 왕조의 후손이란 말인가?
조선과 고려로 나눠 부르는 것은 못 사는 나라에 사는
동포에 대한 또 다른 차별 아닌가?
재중 동포 재러 동포라 하면 어디 입에 덧나는가?
중국과 러시아에 사는 많은 동포들
조선조 말 대한제국
어려웠던 굶주림에 울던 시기 살기 위하여 만주로 연해주로

남부여대하여 강을 건너간 이도 많았지만
이 민족의 독립을 위하여 목숨 걸고 가족을 이끌고 간 이들도
이들의 후손도 많음을 잊지 말아야겠다.
늦었지만 지금이라도 재중 동포 재러 동포라 고쳐 불러.

춘래 불사춘(春來 不似春)

흑묘(黑猫)면 어떻고 백묘(白猫)면 어떠냐?
고양이가 쥐 잡으면 되는 것을

일찍 개혁 개방을 외쳤던 근대화의 아버지 등소평의 말이다.

옛 우리 속담에도 비슷한 고사성어가 있다. 꿩 잡는 게 매라 하지 않던가. 우리 민족 반만 년 긴 역사 속 삼사월 춘궁기 일명 보릿고개 배곯지 않고 넘었던 일 있었던가?

얘들아! 너희는 정말 모른다.

그 배고픈 설움을

핏기 하나 없는 누리 띵띵한 얼굴에 아직도 바람이 찬 그 봄날

누더기 같은 핫바지 속으로 파고드는 찬바람

춘래 불사춘 그 말의 속뜻(나는 이렇게 해석하고 싶다.)을

얘들아!

설움 중에 제일 큰 설움이 없어 못 먹는 배고픈 설움임을 너희는 정말 모른다.

배부른 지금보다 배고팠던 지난날 생각하며 나라 사랑하는 방법이 어떤 것인지? 무엇인지? 석복(惜福)이란 이름으로 알려한다.

* 검은 고양이든 흰 고양이든 쥐만 잡으면 된다는 뜻으로1970년대 말부터 덩샤오핑(鄧小平)의 중국 경제정책

편 가르지 마라

어디서 태어났고 또 어디에 산다고 편 가르지 마라
다 거기서 거기인 것을
이 나라 통틀어도
어느 나라 한 주보다 크지 않은 것을 두고 뭐 그리 멀다고
선을 끊고 경계를 두고 구분하느냐?
아무리 멀다 해도
지금은 잘 뚫린 고속도로로 달려가면
어딘들 한두 시간이면 닿는 곳에 위치해 있다.
거리가 아니라 마음이 문제인 것을
모두가 다 마음의 문을 열고 받아들여라
다들 거기서 거기인 것을

40줄에 돌아가신 분들

오늘 아침 신문에 말라리아 퇴치에 헌신하신 가천의대 박재원 교수가 물에 빠져 44세 일기로 돌아가셨다.

얼마 전 순도 100%의 한기택 판사가 동남아 여름휴가 중에 파도에 휩쓸려 46세에 돌아가시더니, 몇 해 전인가 수단의 돈보스코로 불리는 이태석 신부님도 48세에 하느님의 부름을 받으셨다. 조영래 변호사도 43세 일기로 큰 뜻 펼쳐 보지도 못하고 먼저 저세상으로 가셨다.

한결같이 삶의 곳곳에서 없어서는 안 될 훌륭한 분들이시다. 어느 집안이나 어느 고을이나 먼저 돌아가신 분들을 보면 모두가 출중한 분들이다.

바꿔 말하면 없어서는 안 될 분들이 먼저 돌아가신다. 일에 열정적이며 혼신의 힘을 다 쏟는 남을 위한 일에도 누구보다 앞장서시는 무엇으로 견주어도 2등 하라면 서러워하실 분들이다.

욕 많이 먹으면 오래 산다는 우리 속담, 괜한 이야기 아니다. 욕 많이 먹는 이 치고 잘난 사람 없으니까 말이다.

가만히 보면 하늘에도 잘난 사람은 필요한 모양이다. 젊은 나이에 불려 가는 사람 보면 그냥 가는 것이 아니고 뽑혀 가는 것 같다. 왜냐면 모두가 훌륭하신 분들이니.

그러니 오래 살려면 1등보다 2, 3등도 괜찮아 보인다. 유족

분들 잠깐 동안의 이별 너무 슬퍼하며 마음 아파하지 마소서. 뽑혀 가셨으니 하늘나라에서 대접이 융숭할 것입니다.

오늘의 헤어짐은

"죽음은 죽음이 아니라 새로운 곳으로 거처를 옮기신 것이다."

늦어도 한 100년 지나면 지금 사는 이들도 다 삶의 거처를 옮겨갈 것입니다. 하늘나라에서 재회, 모르긴 몰라도 더 큰 기쁨으로 만날 터이니 말입니다.

신부님 영전에

신부님 삶을 접하니 부끄러워 고개를 들 수 없고
죄송하다 생각하니 더 몸 둘 바를 모르겠습니다
49년 짧은 삶 굵게 살다 가신 님
성직자로 의사로 학생을 가르치는 선생님으로
작곡가로 지휘자로 집을 짓는 목수로
검은 대륙 아프리카 내전(內戰)으로 언제 죽을지 모르는 곳
많은 국민이 앓고 있는 나라 그 중에도 가장 취약한
오지(奧地) 톤즈에서
인간 능력 한계가 없다더니
일인 삼역이 아니 일인 몇 역이오니까?
이태석 신부님 당신이 그러하셨군요
임이시여!
당신 하신 일 보며 뉘우치고 반성하며
생각만으로 말만으로 사는 삶 되지 않게 하소서
진정 자신을 꾸짖어
십분의 일 아니 백분의 일이라도 당신 닮는 삶 되게 하소서
신부님 어머님 말씀이
늙은 자신을 두고 한창 할 일 많으신 당신을 데려가시어
하느님께 원망도 많이 하셨다며
고해성사 주신 신부님께서

이 세상에 계시면 더 많은 고생을 하실 것 같아
하느님께서 일찍 불러 가셨다 하셨습니다
그 말씀 믿고 싶습니다
임이시여!
이젠 걱정 그칠 날 없는 이 세상일 그만 잊으시고
하느님 나라에서 평안을 가지소서

가난한 시절

얼마 지나지 않았다
지난날 기억 저편의 일들
종이가 귀했던 시절
뒷간에서 짚의 용도를
조금 더 세월 흐른 후
돌가루 포대와 신문지를 여러 번 비벼 사용했던
그 슬픈 기억을
얘들아!
너희들은 그 사용처 아는가?
가끔은 손에 묻기도 했던
얼마 지나지 않았던
우리들 아이 적 씁쓰레한 가난의 이야기를
우리 아이들에게 도란도란
기도하는 마음으로 들려주련다

걱정이다

크지 않은 회사에도 한 번 사고가 나면
무슨 놈의 저주의 징표인지
숨 쉴 여유를 주지 않고 연달아 사고가 난다.
이럴 때 섣불리 대처하다 보면 정신 차릴 틈도 없이 또 당한다.
회사가 이럴진대
하물며 나라야 말해 무얼 하리오.
조그마한 회사의 대처 방법도 일사분란하게 관계자들을
다 불러 모아 놓고 중지를 모아 다시 사고가 재발하지 않도록 지혜를 모은다.
항차 나랏일은 말해 무엇하리요?
지금 정부의 대처 방법을 보면
주도하는 이도 책임지는 이도 없다. 중구난방 영 엉터리다.
그러니 땅도 하는 짓이 하도 가당찮아
땅 밑에서 울부짖지 않느냐?
야! 이놈들
국가의 녹을 먹으면서 정신 좀 차려라.
너희들 일 생각 말고 국가와 국민만 보고 일 좀 하려무나.
이런들 어떠리오 저런들 어떠리오
하지 말고
이 몸이 죽고 죽어 일백 번 고쳐죽어 심정으로
오직 나라 사랑하는 마음으로 일하길 바란다.

신사대주의

남의 좋은 점 배우며 따라 실천하는 것, 장려할 일이지 나무랄 일 아님을 안다.

그러나 내 것 좋은 것 두고 무조건 남의 것 따라하며 흉내를 내는 것 알게 모르게 내 것을 천히 여기는 열등의식이 자리하기 때문이다.

나는 안 되는데 우리나라는 안 되는데 엽전이 그렇지 하며 자기비하가 몸에 배어 있기 때문이다.

무분별하게 영어를 남발하는 아니 시부렁거리는 은근히 유학 갔다 온 것을 자랑하는 일부 몰지각한 쓸개 빠진 녀석들, 솔루션 게노피 포피아 헬 꼭 이런 말 써야만 하는가?

또 있다. 연말이면 한해 일어났던 여러 일들 중 핵심 일을 사자성어로 표시하시는 대학교수님들, 예를 들면 2014년을 지록위마(指鹿爲馬) 즉 사슴을 가리켜 말이라고 일컫는다.

즉 진실과 거짓을 조작하고 속였다는 뜻인데, 구태여 어려운 한자어로 표시할 필요가 있을까? 이는 나는 많이 안다며 은근슬쩍 자랑하려는 자기과시가 아닐까 싶다.

“진실과 거짓을 조작하고 속이는 일들이 일 년간 많이 있었다.” 이렇게 표현하면 모르는 백성 없을 텐데.

한문을 뜻글이라 하는데 우리나라만 뜻글이지 지금 중국은 거의 간편(간자)체이다.

컴퓨터 시대 먼 미래에 중국이 세계 일등국이 되기 위해서는 한자를 버려야한다는 중국인도 있다는데, 그는 애국자일까, 매국노일까? 자못 궁금해진다.

엽전(葉錢)

멀지 않은 지난날
모두의 귀염을 독차지했던 너
굴곡의 역사 속에서도
너희들만큼 대접받은 그 무엇도 없었다.
혼자 있을 때는 말할 것도 없고 우애가 돈독하여
끈으로 여럿 꿰매어 꾸러미로 있을 때에는
대갓집 장롱 깊숙한 곳에 은밀히 숨겨져 보호를 받았다.
세상에 어느 것도 예외 없이
흔하면 천대받고 귀하면 대접받는 이치이건만
어찌하여 너희들은 아무리 많아도
더 가지려 애를 쓰는 귀한 존재가 되었는가?
그러나 나희들의 뜻과 상관없이
조선의 권력자들의 분별없는 정치로 인하여
나라가 망하는 비운을 겪은 후
너희들의 가치 폭락은 물론 말할 것도 없이
엽전이란 이름은 자기비하의 대명사
비아냥거림과 놀림의 한복판에서 나락의 삶을 살았다.
그러나 근자에 와서 하면 된다는 정신이 솔솔 일어나더니
나비의 조그마한 몸짓이 폭풍으로 변한다는
나비효과와 같이

세계를 향하여 거침없이 달려가는
초일류 기업들로 인하여 너희들도 요즈음
덩달아 아이들 발끝에서 춤추는 제기 같이
오르락 오르락 큰 기쁨을 맛본다.

조기유학과 동남아 신부

조기유학 정말 아이 위해 좋을까?
하늘의 이치는
가족이면 같은 울타리 안에 모여
같은 공기 마시고 서로 몸 부대끼며
티격태격 웃기도 울기도 하며 자라며 살 때
미운 정 고운 정 기른 정 생기는 것이다.
부모는 아이의 거울이다.
한집에서 부모의 사는 모습을 보며 자랄 때 배우며
아이는 부모의 모습에서
자기의 미래를 만들어 가는 것이다.
습관 태도 끈기 인내 겸손 봉사 희생 등
부모가 의식적으로 교육하지 않아도
교육은 절로 되는 것이다.
이웃 4촌 괜히 있는 말 아니다.
사람이나 짐승이나 자주 만나야 정이 생긴다.
더욱이 조기유학
먼 나라 생활 습관이 다른 나라에서 자라
사고방식이 다른 내 아이
자식 앞날도 백 퍼센트 훤할 것 같지 않지만
될성부른 아이는 여기 있으나 조기유학 가나

매 한가지다.
더욱 자식에게 비친 노년의 내 모습
닭 쫓던 개 지붕 쳐다보는 꼴 안 될까?
부부관계도 여러 달 아니 여러 해
헤어져 살면 그게 남이지 부부라 할 수 있을까?
정상적인 부부 관계란 자연의 이치와 꼭 같다.
과하면 모자람만 못하고
많이 모자라면 그것은 과함보다
더욱 좋지 못하다.
살 맞대고 같이 살 때 부부이지
멀리 떨어져 오매불망 그리워하며
만날 때 만나지 못하면
사람 마음 떠나듯이
피부도 오래 닿지 않으면
낯설다하고 거부하는 것이다.
국내는 힘없는 기러기 아빠
혼자 살면 조석 불실하니
기력마저 쇠진해진다.
더욱이 자식 걱정 마누라 걱정
천만 년 살 것 아니면서

이 짓 왜 하는지
국외서는 오매불망 남편 생각
가족 모두에게 좋을 것 같지 않다.
그런데 왜 보내는지?
매스컴은 왜 또 촐랑거리며 떠들고 난리야?
영어만 배우면 만사형통인 것같이
남의 나라말 조금 서툰 것 정상이다.
물건 파는 것 품질과 가격
즉 그것이 경쟁력이지
영어 잘 한다고 팔려지는 것 아니다.
다소 도움은 되겠지만
우리 한번 생각해보자.
도시에는 내 자식과 내 이웃은 이민(移民)가고
일할 사람 부족하여 이주노동자 늘어나고
남녀 성비는 거의 비슷할 터인데 왜 신부가 부족하여
농촌 총각은 동남아 처녀들과 짝을 맺어야 하는가?
반만년 역사 속에 민족 최대의
국제결혼 러시(rush)와 이주노동자 모셔오기
과도의 한국 호 지금은
혼돈의 센 소용돌이 속에 빠져있다.

그러니 어찌해야 좋을까?
해답은 모두가 정신 차려야지.
까짓것 소용돌이를 빠져 나오려면
이봄 황사까지도 먹을 각오하면서 말이다.

북쪽 인민의 파스카 축제

하늘로 대포동 미사일 쏘더니
하늘에 구멍이 뚫렸나
우짠 비가 이렇게 진종일 내리나
뱁새 황새 따라가다가 가랑이 찢어진다더니
하지 말아야 할 놈 엉뚱한 짓 하니
하늘이 노했나 보다
같은 하늘 아래 산다고
이쪽이나마 정신 좀 차리라고 후려치는가 보다
정말 이 비 더 오면 어쩌나
이것저것 볼 장 다 본 놈은 겁날 것 하나 없다
망하는 것 이러나저러나 마찬가지니까
못된 송아지 엉덩이 뿔난다고
백성은 굶고 만주벌판에 유리걸식하는데
하는 짓이 세계를 향해
공갈이나 치니
앞날 안 봐도 다 안다 아주 뻔하다
나는 가끔 꿈을 꾼다
어느 날 갑자기 38선 이북 인민군이
총 모두 풀 속에 던져 버리고
시대에 뒤떨어진 인민군복을 입은 인민군들이

흰 깃발 흔들며 내려오는 꿈을 꾼다
북쪽 백성의 파스카 축제의 날은
인민군으로부터 우리 모르는 사이에
바로 위 휴전선 북쪽에서 일어난다

마음 아픈 모습이다

발을 동동 구르며 슬피 울고 있는 저 여인들
아마 혈육이 죽어서도 저렇게 펄쩍 뛰며 울지 않을 것이다
무대에서 배우가 하는 연극도 과장하면 보기 싫은 법인데
하물며 살아가면서 일어나는 여러 가지 일들
특히 일반 대중들 생활 모습은 보통이어야 감동을 느낄 법한데
아무리 많은 군중 줄 세워 놓고 울부짖어도
억지로 시켜서 하는 것은 구경거리일 뿐
조금의 감동도 없다
사진 속 저 모습
진심으로 우는 여인 과연 몇이나 될까?
살면서 손 한번 잡은 일 없고
마주 앉아 말 한 번 섞은 일 없는데
무엇이 안타까워 저렇게 목 놓아 울까?
혹 배불리 먹기라도 했으면 몰라도
고깃국에 이밥이 이북 목표
평소 먹거리도 알 만하지 않은가?
펄쩍펄쩍 뛰면서 우는 저 모습
꼭두각시 피에로의 또 다른 모습을 본다
저렇게 하지 않으면 시세 말로 왕따 당하는 모양이다
아니 혹 아오지 탄광에는 보내지 않을는지

저러고도 지탱하는 것 보면 참 알다가도 모를 일이다
무엇이 죄인가?
같은 민족인데
원한 것도 아닌데
태어나기를 단지 북쪽이라는 것뿐인데
너무 큰 시련 마음 아픈 모습이다

웅비(雄飛)의 시대

미래 경제의 삼 요소는
빛나는 태양, 맑은 공기, 좋은 머리 가진 가슴 따뜻한 인간이
다.
빛나는 태양 아래 우거진 숲은 맑은 공기를 생산하고
참다운 삶을 살며 진정한 기도를 드리는 사람들에게는
머리 좋고 가슴 따뜻한 자손이 태어난다.
물질이 자원인 시대는 지나가고
좋은 머리를 가진 가슴 따뜻한 사람들이
보이는 것과 보이지 않는 무한한 것을
이용한 새로운 산업의 시대가 온다.
이 시대가 분명 진정한 르네상스이다.
자원이 유해하지 않고
유한하지 않은 새로운 시대
우리들 자손이
세계와 더불어 펼쳐가는 시대
웅비의 시대가 온다.

어느 누가 없어도

내가 없어도
네가 없어도
또 어느 누가 없어도
아침 해는 변함 없이 동쪽 바다 위를
붉게 물들이며 솟아오를 것이며
사람들은 직장으로 학교로 또 다른 곳으로
바쁜 걸음으로 옮겨갈 것입니다
어제도 그랬고 오늘도 그럴 것이며 내일 또한 같을 것이니
오늘 만났고 내일 만날 것이니 모레 또한 만날 수 있을 것이다
누가 장담할 수 있나요
너 내일이 오기 전에 지금 당장 오너라 하면
아니 갈 수 없는 이치 모두 다 잘 알지 않습니까?
인간에게 확실한 것은 그 어디에도 그 무엇에도 없습니다
인간의 힘 크다 하나 허벌나게 피어나는
풀 한 포기도 만들 수 없습니다
네가 어떻고 내가 어떻고 누가 어떻고 하는 것도
다 부질없는 욕심 때문입니다
비우고 버리고 지우며 홀가분한 마음으로 살아갈 때
진정 행복할 것이며 천당은 덤일 것입니다

시-2
사계절

봄은

발도 없는 바람이
남쪽 넓은 바다를
한달음에 건너와
팔이 없어도
온몸으로
나를 포근하게 안아준다

봄의 만가(滿假)

4월에는 온 들판에
능금 꽃이 자지러지듯 핀다
오랜 세월 동안 아름드리 능금나무는
탱자나무 울타리 안에서 군락을 이룬다
이 밭 저 밭 경계가 분명한 나무와 나무 사이를
나비와 벌은 밭의 경계를 허물며 날아다닌다
꿀과 화분을 옮기느라
하루해가 짧은 듯 부지런을 떤다
흰 꽃에 흰나비 봄빛 가득한 하얀 하늘 아래
너울너울 춤을 춘다
윙 벌 소리와
사뿐히 춤추는 나비의 날갯짓
길어진 하루해만큼 봄은 무르익어간다
나란히 줄이 되어 분홍으로 피었다가
하얗게 변한 능금 꽃밭에는
탱자나무만이 홀로 파랗게
담장이 되어 빙 둘러쳐 있다
봄도 울타리 안에서 졸음에 겨워 꾸벅이면
벌이 어느새 날아와 윙 소리치며 잠을 깨운다
만발한 하얀 능금 꽃 사이로

살랑살랑 바람 스치면 흰 꽃이 산지사방으로
나 살려라 하듯 흩어진다
그제야 나뭇가지에 파릇
잎이 뾰조록 고개를 내민다

* 60년대 대구근방 사과밭 모습을 그려본다.

꽃밭에서

꽃 속에서 꿀 따는 벌
벌인지?
꽃 속에서 화분 나르는 나비
나비인지?
영 구분이 가지 않는다.
꽃을 보노라면
꽃인지? 벌인지? 나비인지?
햇빛은 잰걸음으로 내려와
활짝 웃는 얼굴을 하고
아름답다며 모두를 똑같이 꼭 보담아 준다.

사색의(思索依)

4월은 하루가 다르게
나무는 파릇 몸짓으로
꽃은 향기로 말을 한다.
목마름을 채우기 위해 올라오는 물
내 마음 안에 뿌리의 수고로움
쏴 물소리 들린다.
그 소리 나른한 봄을 쫓는
사색의(思索衣)
땅에 뿌리를 내리고 진종일 노동에도
하고 싶은 일 내가 하는
자긍심 하나로 살아간다.
봄에는 여름의 성장과 가을의 결실을
그리고 긴 겨울의 생존을 위해
이을 준비한다.

춘궁(70년대)

나른한 봄날
졸음 겨운 암소는 느릿느릿 걷고
졸졸 흐르는 고요가 멈춘 금호강 은빛 물결은
축 늘어진 갯버들 사이를
물을 가르면서 앞서거니 뒤따르거니
높은 곳으로 올라가는 피라미 떼들의 은빛 물결인지
아니면
살랑살랑 바람에 젊은 아주머니의 잔주름 같은 물결이
햇빛을 받아 은빛으로 빛나는지
알 수 없지만
싱그러운 강바람과 따뜻한 햇볕이 생기를 준다.
땅거미가 스멀스멀 기어 다니는 들녘
보리밭 사이로 피어나는 연기는
가타부타 따질 수만 없는 밀 서리
배고픈 아이들의 주린 배의 아성을 듣는다.
잠을 잊은 부지런한 이들의 밤은
어둠 속에서 손놀림이 분주하고
일을 하는 장정들의 구릿빛 얼굴에는
삶의 의지가 넘쳐났다.

인심 좋은 이웃집 아저씨들이 마시는 한 사발 막걸리가
덥수룩한 턱수염을 타고 흘러내리는 누런 막걸리에
춘궁을 잊게 한다.

봄이 오는 소리

살랑살랑 바람이 앙상한 나무들을 집적입니다.
깨어나라며
지나가던 구름 사이로 햇빛은 내려와 따듯이 감싸줍니다.
남쪽 하늘에 물을 머금은 검은 구름이 몰려와
온 들에 비를 뿌립니다.
귀를 가져가세요.
쏴– 물오르는 소리 들립니다.
새들도 덩달아 봄이 왔다며
짹짹 아름다운 노래를 들려주며
이 나무에서 저 나무로 분주히 날아다닙니다.
어떤 놈은
또 다른 생명의 탄생을 위한다며
뒤꽁무니만을 쫓아갑니다.
살아있는 모든 생물은 활기 넘칩니다.

여름은

하늘에는 시꺼먼 구름과 함께
번쩍 긴 칼 휘두르며
우르릉 꽝꽝 환성을 질러가며
활짝 피어나는 초록빛 이파리들에게 빨리 자라려면
많이 먹어야 한다며
흠뻑 물을 주려
쏴– 소낙비를 내리며 찾아온다.

꽃 속에서

아름다운 꽃 한 송이
꽃봉오리 속에 몸을 숨겨 꿀 따는 놈
호랑나비인가? 노랑나비인가?
아무리 봐도 구분이 가지 않는다.
긴가? 민가?
국회라는 울타리 안에서
몸싸움하는 한 무리 속 그놈들
그 놈이 그놈인지
영 구분이 가지 않는다.
꽃 속에 몸을 숨긴 그놈들은
나비인지? 꽃인지?
싸워도 아름답지만
말로만 국민을 위한다,
말로만 국민 속에 그놈들
싸움은
아무리 봐도 추하기 그지없다.

소낙비

한여름 퍼붓는 소낙비
한순간에
가리지 않는 모든 것
흠뻑 젖게 하니 시원도 하여라
노지(露地)의 푸른 덜 익은 포도송이
엉겁결에 내놓은 속살 위에 여름 햇살이 깊숙이 꽂힌다.
덜하지도 않게
더하지도 않게
영롱한 빗방울 머금고
반들 윤이 나는 얼굴을 하고
줄줄이 알알이 달콤하게 익어간다.

소낙비 2

골목길 나서니
바람이
나보다 먼저 등 떠밀고 앞장서 간다
비 흠뻑 머금은 바람
한여름 바람 폭우 되어
좌충우돌(左衝右突)이니
퍼붓는 소낙비 갈팡질팡 얼굴 후두두 마구 때린다
조그마한 우산 큰 우산 무슨 소용인가?
등줄기를 타고 내려오는 비
빗물 바짓가랑이 아래로 흘러내린다
아– 흠뻑 적셨다만 시원도 하여라

* 소용돌이치는 사회 그 안에 모든 사람 영향을 입는다.

가을의 소리

꿀밤 떨어지는 소리 탁
또 하나 떨어져 누운 나뭇잎에 푹
또 하나는 비탈길 바위 위에 딱-악 떼구루루
앞산 산길
내 옆 함께 한 아내 발자국 소리 투우 탁
가을 안에
귀뚜라미 귀뚜루루
이름 모를 벌레들 소리
새 한 마리 겨울 준비하랴 바쁜 모양이다
휑하니 인사도 없이 나간다
스산한 바람 지나가니
나뭇잎 또 하나 갈지자로 춤추며 떨어진다
하늘을 우러러보니
열을 잃은 햇빛은 나뭇잎 사이에서 부르르 몸을 떤다
오늘은
긴 여름의 잔재와 작별의 인사라도 나눠야지

햇빛은 무슨 색일까

햇빛은 무슨 색일까?
빨–간 기와지붕 위에 앉은 햇빛은 빨간색이고
파–란 양철지붕 위에 앉은 햇빛은 파란색이고
노–란 시멘트 지붕 위에 앉은 햇빛은 노란색일 게야
봄에는
산과 들에 갓 피어난 울긋불긋 꽃들 위에
새봄 맞아 초등학교 운동장에 뛰어노는 어린 학생들
울긋불긋 옷들 위에 앉은 햇빛은
울긋불긋 온갖 색이고
한여름
온 산에 들에 널브러진 온갖 식물 위 앉은 햇빛은
초록색일 게야.
가을
높고 푸른 하늘 아래 온 천지에 쏟아지는 햇빛은
파란 하늘을 닮아 푸른색일 게야
겨울에는
눈이 온 천지를 때묻음 하나 없이 하얗게 물들일 때는
하얀색이며
찌꺼기 하나 없는 맑은 호수 속
담겨진 햇빛은 맑고 투명한 푸른 물색일 게야

햇빛은
어두운 곳 밝혀주고 물기 진 곳 말려주며
더러운 곳 깨끗한 곳 구분 않고 똑같이 내려앉는다.
가끔은 비를 몰고 온 구름이 대지를 적시려
하늘길을 차지하기도 하지만 그도 잠깐
언제나 어디서나
햇빛 내려올 하늘길은 똑같이 열려있다.

낙엽 3

떨어진 낙엽 위를
바람이 스쳐 지나가니
가을이 윙 소리 내며 막차 떠나듯이 떠나갔다
앙상히 서 있는 나무
부는 바람이 한기(寒氣)이지?
어딘가로 흩어지는 잔재가 설움인지?
사시나무 떨듯 떤다.
인사도 없이 가버린 낙엽은 탁탁 털어 장가보내 놓으니
발길 뜸한 자식 놈 같고
너울너울 춤추며 찾아온 겨울의 흰 눈은
연말연시 조그마한 선물 들고 찾아오는
자원봉사자님 같다
설움이고 작은 기쁨이다

바람과 비

나무 가지 위에서
바람이
개구쟁이 아이들 마냥 이리저리
어지럽게 놀다간 뒤에는
여기저기 떨어진 나뭇잎이 흔적으로 남고
검은 구름이 방어벽 두터운 요새(要塞)같이
완벽하게 점령한 고요한 하늘에서는
오케스트라 음률 같은
맛깔스런 비가 조용히 가슴을 쓸어내리며
푸석 푸석 마른땅
이곳저곳을 촉촉이 적신다.

가을 배달부

저 귀뚜라미 소리 보통은 귀뚤귀뚤 하는데
저놈은 귀뚜르르 귀뚜르르 음악적이다.
한 잎 두 잎 낙엽 지니 슬퍼 우는 소리일까?
긴 여름의 더위 이젠 없어진 걱정 때문에 기뻐 웃는 소리일까?
팔월 보름 중천에 쟁반 같은 둥근달
높은 하늘에는 흰 구름 두둥실
밤바람 또한 싱그러우니
주변 사위(四圍)가
멀리 떠난 임 없어도 코 끝 찡함 갖게 한다.
지금 이 밤 얼마나 많은 연인들 가슴 설레고 있을까?
깊은 가을 하늘 초롱초롱한 별 따 큰 함지박에 담아
흘러가는 구름으로 포장하여
귀뚜르르 귀뚜라미 노래에 맞춰
이 밤 늦도록 사랑을 배달한다.

딴은 맞다

땅에 떨어져 누운
그 흔한 낙엽
긴 한숨
내년 있다 하였더니
그 낙엽 볼멘소리
내 없는 내년
내게 무슨 소용이요 한다.
딴은 맞다

레드카드와 옐로카드

나무들은 긴 겨울을 나기 위해 모든 것을 끌어안고
벌벌 떠는 인간의 모습과는 다르게
가지에 잎들을 떨어뜨린다.
이는 스스로 비우며 버리며 지워
생명을 유지하려는 쇄신의 행동이기도 하다.
빨간 노랑 낙엽은 나이 들면 생기는
사람들 얼굴에 피는 저승꽃 검버섯과 다르지 않다.
다르다면 검은색과 빨간 노랑 등
여러 색깔의 차이일 뿐이다.
왜 하느님은 낙엽의 색깔들을
유독 빨간색 노란색이 대다수로 만들었을까?
태초 만드실 때도
먼 후일 옐로카드 레드카드 의미를 미리 아시고
만드신 것일 게야 전지전능하시니
나무뿐만 아니라 사람들도 사람답게 살려면
비워라 버려라 지워라
그러지 않으면 경고로 노란 잎을 떨어뜨리고
그래도 듣지 않으면 빨강 낙엽으로 레드카드를 주어
퇴장이란 엄한 벌의 의미를 알게 하려 함일 것이다.

이 얼마나 깊은 자연이
인간에게 주는 신의 메시지인가?
레드카드와 옐로카드
우와! 자연의 섭리 참 기가 찰 노릇이다.

가을이 좋다

울긋불긋 가을 산이 좋다.
저 높은 푸른 하늘에 구름 몇 조각만이 유유자적하는
내 마음 안의 한 폭 그림 가을 풍경이 좋다
빨간 잠자리 무리들이
온 들판 공중에 날아다니는 들녘에
벼가 누렇게 익어가는 가을 풍경이 좋다.
사과가 주렁주렁 가지에서 떨어질 듯
무겁게 매달려 가을 햇빛에 빨갛게 익어가는
산 능선의 사과밭 풍경이 좋다.
사람들이 떠나 버린 시골
폐가 앞 감나무
잘 익은 임자 없는 노란 감들이 주렁주렁
달빛에 존재를 알리려는
을씨년스런 가을 풍경이 좋다.
어디를 가도 울타리 하나 없는 과수원
먹음직하게 익은 과일 지키는 이 하나 없어도
누가 몰래 따 갈까 걱정하지 않아도 좋은
성숙한 민심이 좋다.
이렇듯 좋은 것 중에 으뜸은
예쁜 아가씨 어깨에 가지런한 머리카락이
바람에 휘날리는 뒷모습이 더욱 좋다.

단풍

여름 내내 천둥은 먹구름 속에서 울부짖고
번개는 하늘을 향해
긴 칼 휘두르며 삿대질하지만
어김없이 지나가는 시간이란 마술이
나이 들면 인간들 얼굴에 피는
검버섯이란 저승꽃같이
푸른 잎들 울긋불긋 물들인다.
긴 여름 동안 많은 눈물 흘려도 비라 우긴다.
단풍,
이는 사람들이 이름 지어
자기들 얼굴에 피는 저승꽃 검버섯 같은 것인 줄
알지 못하고 지은 이름이다.
그러고는
이산 저산 찾아다니며 단풍 구경한다며
아름답다며 좋아들 한다.

늦가을

귀뚤 단말의 귀뚜라미 경쾌한 노래 소리도
어느 날부터 찬바람 일더니
귀뚜루루 귀뚜루루 네 박자 음율 같이
사뭇 시적(詩的)으로 바뀐다.
성장을 멈춘 나무들은
부족한 물과 빛으로 힘들어한다.
무수한 이파리들은
노인들 얼굴에 피는 저승꽃 같이 울긋불긋 변한다.
인간들은 이를 아름답다며
단풍이라 이름 지어 온 산과 들로 놀이 간다.
아름다우면 몇 달이라도 뽐낼 것이지
겨우 한 달여 스산한 바람 불며 우수수 떨어진다.
단풍, 너 땅바닥에 누워 비를 맞으면 흙 묻어 볼품없어
이젠 이름까지 낙엽으로 바뀐다.
추하기도 서럽거늘 흙까지 묻힐쏘냐.
하늘에서는 이별이 아쉬워 눈물 흘려도
가랑비라 우기며
으스스 별도 따갑지 않은 가로수 밑을 걸어가며
한껏 폼 잡고 낭만에 대하여 읊조린다.
하수구나 담 모퉁이 어색한 곳에 쌓여 있는

너 낙엽을 보면
또 한해를 보내는 무거운 마음이 되어
후줄근 젖은 옷 무게만큼이나 몸을 짓누른다.

낙엽의 군무(群舞)

앞서 달려가는 차 바람과
늦가을 차갑고 센 가을바람이
아스팔트 도로 위에서 맞부딪쳤다.
길 위의 낙엽들
여왕벌 따라 거처 옮겨가는
한 무리 벌들의
윙윙 왁자지껄 군무(群舞) 같기도 하고
저무는 서산 해 붉은 노을 뒤로하고
갈 길 바쁜 철새 무리
겨울나기 찾아가는 군무(群舞) 같기도 하다.
도로 위서 펼쳐지는
자연 바람과 달리는 자동차 바람
자연과 문명의 조화로
순간이 만들어놓은 가을의 잔해
낙엽들이 도로 위에서 펼쳐놓은
그 화려한 군무는
은퇴를 앞둔 늙은이들에게
아름다운 마지막 마무리를 멋있게 하라고
신이 인간에게

퇴장의 의미를 가르쳐주는
선물 같기도 하다.

* 혼자 보았던 아름다움을 혼자만 즐기면 이는 가치의 상실이며 미를 욕되게 하는 것, 후일 아니면 내년 그 이후라도 기회를 만들어 카메라에 담아 많은 이들이 볼 수 있도록 하는 것은 미의 새로운 창조이며 한 단계 승화시키는 것이다.

귀뚜라미

지금 울고 있는 저 귀뚜라미
어제 웃던 그놈일까?
어제 그놈은 귀뚤랄랄 귀뚜랄랄 웃는 소리였는데
오늘은 꾹꾹 울음 토해내는
귀뜰 귀뜰 짧은 비명이다.
사랑했던 임 아마 어제 헤어질 때
내일 밤 달 뜰 무렵 만나자 약속했었는데
벌써 휘영청 달은 구름 사이 하늘 가운데 걸려있고
가을 하늘에 황량한 차가운 빛만
희끄무레 온 천지를 비춘다.
풀잎에 기대어 조그마한 소리에도
내 님 발자국 소리일까?
귀 쫑긋
풀잎에 기대어
아니 오시는 내 님 기다리다 지친 귀뚜라미
귀뜰 귀뜰 으스스 날개 짓 소리
구곡간장(九曲肝腸) 녹이는 애절한 울음소리.

하얀 눈이 소리되어

창밖 하늘이 흰색 구름으로 덮여있다.
눈이 오시려나?
몇 시간을 벼르는 듯 어르는 듯 주춤한 모습이더니
어느 사이 함박눈이 나비가 되어 춤추듯 내린다.
더러운 세상 희어져라
하늘의 염원이 눈이 되어 내리는 걸까?
한순간 대지를 하얗게 덮어버린다.
세상은 완벽한 흰색이다.
사람의 힘 크다 하나 자연의 힘 앞엔 어림없다.
모든 세상 사람들
단 한 번에 이렇게 흰 눈 같은 마음으로 바꿀 수 있다면
얼마나 좋을까?
내일 아침 해 뜨면
물이 된 눈이 졸졸 소리가 되어
세상의 하얀 염원을 담아 바꿔주세요
기도하는 마음으로
하느님 들으시게 하늘에 울려 퍼질 것이다.

또 다른 겨울 풍경

서늘한 밤공기가 하늘에 가득하다.
하얀 달빛은 시린 발을 녹이려는 듯
온 들판을 뛰어다닌다.
가을걷이 후 들판
여기 저기 누런 황토흙이 포도나무 사이에
상흔(傷痕)인 양 모습을 드러낸다.
어제는
넓은 들판에 파란 보리들
추운 긴 겨울 나라며
눈이 이불 되어 덮어 주더니만
지금은
보리가 자취를 감추니
내리는 눈마저 언 발에 오줌 누듯 뜸하다.
지난날과 오늘
또 다른 겨울 풍경이다.

* 왜 이 지방은 눈도 비도 귀할까? 축복인가? 화인가?

초겨울의 소리

웽 하는 센 바람 소리
밤늦도록 나무들을 들볶더니
울긋불긋 나무는 잎을 다 떨어뜨리고
산은 앙상한 가지만을 이끌고
저 멀리 남쪽 하늘 밑으로 달아나 버렸다.
봄 여름 가을 세 계절 내내 잎들이 황홀하게 살던 골짜기에
찬바람은 초겨울 추위를 몰고
아침 일찍 손을 비비며 찾아온 등산객을 데리고
총총걸음으로 뽀드득
땅위로 만든 흙의 숨구멍 밟는 소리를 들으며
여름보다 더 많이 넓어진 산길을 따라
아래 주택까지 내려와 있다.

좁쌀 전구

아파트 빌딩 숲
경계선상의 줄이 된 소나무들
겨울밤 비에
가지 끝에 매달린 물방울
새벽 추위에 얼어 좁쌀 전구되었다.
열이 없는 신 발명품
반짝반짝 길을 밝힌다.
한겨울
밤새 내린 눈 가지에 소복이 쌓였다.
새벽 추위에 얼어
크리스마스 추리가 되었다.
와! 장관이다.
징글벨! 징글벨!
징글벨 소리가 울려 퍼진다.

눈 오시는 날

나갈까? 집에 있을까?
생각 중에 창밖을 본다.
눈이 흰나비인 양
캠퍼스 위의 그림 같은 눈이
온 하늘을 덮었다.
회색(灰色) 구름이 온통 뒤덮은 하늘 아래
와! 저렇게 많이 오는 눈
누가 셀 수 있을까?
이도 잠깐 사이
동쪽하늘에서부터 하늘은
온통 새까만 구름으로 덮는다.
손가락만 한 굵은 눈이
외계인이 지구 침공 때 타고 온
비행접시인 양
온통 하늘을 새까맣게 덮으면서 내린다.
눈이 비행접시가 되었다.
와! 와락 겁이 난다.
살려면 어디 숨을까?

겨울의 강

쌩 소리가 바람을 타고 강을 가른다.
피라미 송사리들의 넓은 운동장도
바윗돌 사이 메기 가물치들의 계곡도 얼어붙었다.
물속 물고기들
호호 입김으로 방울을 만들며
언 지느러미 녹이려한다.
겨울의 강
칼바람은 얼음 위에서 즐겁게 미끄럼 타지만
얼음 아래서는
찡찡 소리
추위에 한기(寒氣) 든 기침 소리를 낸다.

농부 마음

퇴비 한 리어카 붓고
추위 타지 말고
또 한 리어카 덮고
동해(凍害) 입지 말고
땅 속 뿌리에다
부지런한 농부는
이렇게 속삭이며 퇴비를 낸다.
계절 잊은 날씨는
이마에 땀을 나게 하고
올 가을 좋다만 풍년
떨어지는 과일 값이 가슴 철렁 쓸어내린다.
그래도 어쩌나
값에 놀라고 일이 힘에 부쳐도 다시 내년이 있지 않느냐
평생을 이렇게 살아온 농부는 즐거운 마음으로
젊은 날 내 여인의 우수에 젖은 까만 눈동자 같은
이슬에 젖은 알알이 새까만 포도를 일구려
힘차게 리어카를 끌며 들로 나간다.

금호 포도 밭 전경

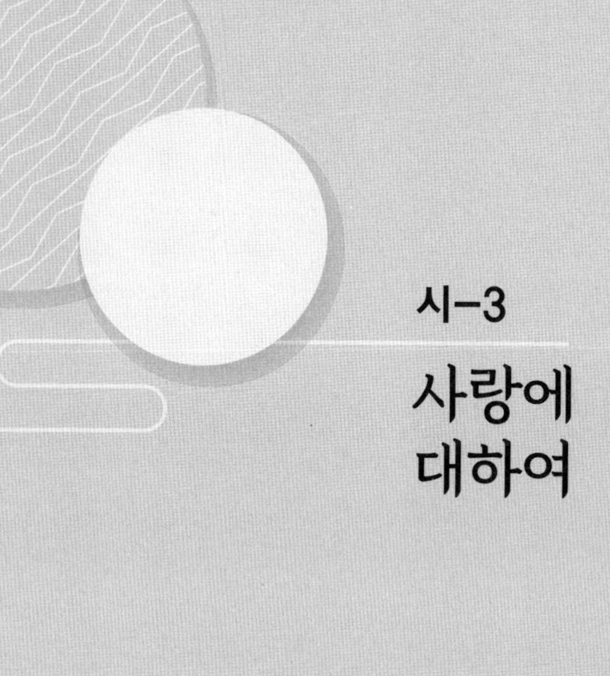

시-3

사랑에 대하여

마음 가는 대로 사소서

붉게 물들어가는 서산 노을 홀로 서서 멍하니 바라보는
너 가여워라
멀찌감치 서서 말없이 바라보는
나 마음뿐 부질없어라
살며시 다가가 등 뒤에서 포근히 안아주려 해도
할 수 없음을 서러워하노라.
한때 싱싱했던 너
땅에 떨어져 누워
비에 후줄근히 젖어 밟힌 잎들 같아
너 애처로워라
누운 잎들 같은 너
마음만으로 가득 담아 선반 위에 올려놓으리다.
봄도 다 가기 전에
성급히 찾아오는 여름은 생각만으로도 지겨워라
그 여름도 때 되면 가듯
너도 그리고 나도 다 떠나가는 것을
여기도 저기도 이곳도 저곳도
어디라도 다 갈 수 있을 때가 그리워라
옳다 그르다 생각 말고
이젠 마음 가는 대로 사소서

이승과 저승

물질의 세계인 이승에는
시간과 공간이 존재하지만
영혼의 세계인 저승에는
아무 의미가 없다.
이 세상에는 긴 시간과 넓은 공간을 따지지만
저 세상에서는 거들떠보지도 않는다.
이 세상에는 시집가고 장가들지만
저 세상에는 시집가고 장가드는 일 없다 하니
늙고 병들고 죽는 일도 없을 것이다.
다만 이 세상에서도
마음이 기쁘고 슬프고 좋고 아프듯이
저 세상에서도
영혼만이 벌을 받듯 상을 받듯
기쁘고 슬프고 좋고 괴롭고
자기 몫은 영원히
자기 자신이 감당(堪當)해야 할 것이다.

5월의 장미

빨강 5월의 장미 담장 넝쿨이 되었다
비좁은 울타리 안
내 요염한 자태 뽐내려 해도
보는 이 하나 없다.
오가는 이 많은 담장 넘어
길가로 얼굴 내밀었더니
지나가는 남녀학생들 곱다며
손뼉 치며 야단이다.
그 중 여드름투성이 한 남학생
훌쩍 뛰어 꺾으려다
내 가시에 찔려 울상이다.
많이 따가운가 봐
손목 이리저리 흔들고 호들갑 떨며
호호 입김 불어 넣는다.
나 예쁜 얼굴 얌전히 보고 갈 것이지
여학생 앞에서 터프하게
보이려다
아이고머니나 꼬방시다!

담장 위의 장미

부부란

부부란 오래 살다보면 서로 닮는단다.
못생긴 남편 예쁜 아내 만나면 얼굴도 아내 닮아가고
씀씀이 과한 남편 알뜰한 아내 만나면 여물어진다.
과격한 성격도 부드러운 아내 앞에서는 순해진다.
부부란 모자람 서로 보태주고 가려운 곳 서로 긁어준다.
시너지 효과란 이런 만남의 인연을 얘기한다.
왕후장상(王侯將相) 아닌데
그렇다고 재벌(財閥)도 아닌데
나 만나 고생만 하고
명품도 하나 해 드리지 못하고
멋있는 곳에서 맛 나는 것 한 번 먹지도 못하고
이리저리 호강 한번 시켜주지 못하고
서로 이러한 측은지심(惻隱之心)이 있다면
아내 사랑하고 남편 위하여야지
부부란
서로 모자람을 보완하고
토닥토닥 등 두드려 주는 사이이다.

사랑

눈에서 멀어지면
마음까지 멀어진다.
한 울타리
얽히고설키고
닿고 부대끼고
자지러지고 까무러지고
같은 공기 들이쉬고 내쉬며
간섭하며 마음 아파하고
반항하고는 후회하는
우리들 살아가는 모습
이게 사랑이란다.

안다 한들

인도 블록 한복판에
긴 지렁이 한 마리 기진맥진
벌거숭이로 누워있다.
태양은 따가운데
걸칠 실오라기 하나 없다.
어디서 와서 어디로 가는 걸까
어젯밤 내린 비 흐르는 물 따라
생각 없이 오다 보니
여기가 자기 무덤
보도블록 한 장 밑이 제 집임을
알 수는 없지
안다 한들 들춰 들어갈 힘없으니
아나 마나
이제
붉은 태양에 몸 불태워 재로 흩어지리라
하늘에서 신이 나 보듯
나 지렁이 본다.

눈물과 빗물

때리는 소낙비 소리 창문이 울고
여름비가 흠뻑 어미 가슴에
오늘은 눈물이 되어 흐른다.
어제 내린 비 오늘 내리는 비
다 같은 비이건만
집 나간 아이 어미에게는
어제는 눈물이 되었고
돌아온 집 아이 어미에게는
오늘은 빗물이 된다.
어떻든 너무 상심 마소서
먼 후일 세월 흐르다 보면
다 아련한 추억이 됩니다.

사랑이란

네 마음잡기가
그렇게 어렵더니
내 마음 접기는 더더욱 어렵다.
사랑이란
잡기도 어렵지만
접기는 더더욱 어려운
상사병(相思病)
그게 사랑이란다.

세월의 잔재

하늘 가운데 흐르는 구름
바람인가 하였더니 세월이었네
땅바닥에 떨어져 누워
쏴– 바람 한 번에
정처 없이 흩어지는 단풍
낙엽인가 하였더니
이는 세월의 잔재이었네

맞바람

바람 자주 피는 남편
혹 자기 마누라도 자기 상대 여자 같을까
의심의 눈으로 집에 오면 닦달한다.
좋은 일 나쁜 짓은
주위 환경에 많은 영향을 받는다.
좋은 사람이 옆에 있으면 좋은 일을 하게 되고
나쁜 사람과 자주 어울리다 보면
나쁜 짓을 배우기 마련이다.
그래서 끼리끼리란 말이 있는 것이다.
과거에는 여필종부라 하여 남편이 바람피워도
바깥출입을 할 수 없으니 피우고 싶어도
피울 수 없었다.
요즘은
천지간에 갈 수 없는 곳 없는 세상이니
우리 집사람 어딘들 못 가랴
그러니 조심하여라
남의 마누라 탐하면서 지 마누라 조신(操身)하라면
단속하는 것 욕심이다.
하는 짓 보고 배워 따라 한다
맞바람 피우는 집안 들여다보면

몸도 마음도 행동까지 따라 하니
하나라는 일심동체
그 말이 맞기는 맞는 모양이다.

말 아닌 행동

가난한 이웃과 함께 할 수 있는 마음가짐은
하늘에 보화를 쌓을 수 있는 기초이다.
나 가진 것 나누어 주고
모자라면 육신의 수고 마다 않을 때
하늘에 보화 쌓는다.
수없이 많은 기도보다
가난한 이웃에 대한 실제적인 보살핌은
자신을 위한 구원의 길
말로만 찾는 하느님은 빛 좋은 개살구
행동으로 섬기는 하느님은
풍성한 가을의 알알이 굵은 새까만 포도송이
가난한 이웃을 내 몸같이 사랑하라는 의미는
말이 아닌 행동의 의미이다.

부부

부부 글을 써 놓고 보면 똑같다
한자로 쓰면 부부(夫婦)
이렇게 다르지만 구태여 그럴 필요가 있을까
다 같은 사람 같은 인격체
한몸이란 하나의 의미는
부부 두 글자 그대로 구분 없이 같다는 의미일 것
요즘 셰프(chef) 주방장은 남자가 대세인데
삼식이 놈 두식이 일식 씨 영식님 이란 풍자어가
왜 날개를 달았을까
삼시 세끼 같이 요리하고
정답게 기쁜 얼굴로 마주앉아
오손도손 당신 먼저 하며 먹으면
이는 천국일 것이오.

텔레파시

외출 나간 아내
돌아올 시간 약속 없이 귀가하는 날
우연하게도 느낌이 와 닿는다.
아마 지금쯤 아파트 정문에 도착했을 것이야
마당을 지나
지금쯤 계단을 올라온다.
하나 둘 셋… 열
가까이 귀에 익은 발자국 소리
현관문 연다. 찰까닥
여보! 소리와 동시에 나 왔어
오래 같이 살다 보면 이렇게 된다.
지금은 아내가 무얼 생각하는지 알 때가 가끔 있다.
당신 지금 그것 생각하지?
어떻게 알았어요?
나 당신 속에 들어갔다 나왔잖아요
보통 대화 이 정도다.
오랜 시간 동안 기도를 통한 마음 모음은
잠깐 동안 각자 떨어져 있어도
같은 염(念)이 원(願)이 되어 하늘 가운데서

서로 자기도 모르는 사이에 만나(텔레파시) 교감을 이룬다.
이런 것 우리말로 하면 이심전심(以心傳心)이랄까
이것은 기도의 또 다른 모습이기도 하다.

5월에 장미가 된 당신

말하지 않아도 나는 알고 있어요.
그대 안에 내 사랑 가득한 것을
눈으로 하는 말 마음으로 읽어요.
가슴에 와 닿는 당신의 숨결
전율이 되어 흐릅니다.
말로 하는 사랑은 겉치레뿐이지만
마음으로 하는 사랑 진실(眞實)하나요.
푸름 가득한 이 5월
비집고 들어온 5월의 빨간 장미
내 마음 안에서 만발합니다.
나는 행복합니다.
화려한 빨간 장미에 톡 쏘는 가시가 있어
어디를 쏠지 알지 못하니
긴장(緊張)하라 하기 때문입니다.

기도란

쓰고 남은 것 있으면 남 도우세요.
이 말은 자선 캠페인으로 적절한 말 아닙니다.
자선은 부족한 것을 서로 나누는 데 의미가 있습니다.
가진 것 없는 사람들 남은 것 아예 없습니다.
그래도 그 사람들 서로 도우는 사람 많습니다.
자선은 자기 가진 물질이 많고 적음에 있지 않습니다.
마음이 얼마나 넓고 좁으냐에 달려있습니다.
배려하고 베풀고 도우며 기부하는 것은
그냥 주어지는 것이 아닙니다.
기도로 얻을 수 있는
또 다른 천사의 모습이기도 합니다.
기도는
우리 마음이 태평양 같이 넓고
어머니의 따스한 가슴 같이 바뀔 수 있도록
예수님께 도움 청하는 것입니다.

살다보니

버리지 말아라
시간이 지나도 흔적으로 남는 것
길가에 내가 버린
종이나 코 푼 휴지 바람에 날려
다 보기 흉하지 않느냐

가지지 말아라
시간이 지나도 너를 괴롭히는 것
부질없는 욕망도
자기 과신도
지나고 나면 다 허망인 것을

나누지 말아라
시간이 지나면 나누어 가진 것
병균이 되어 사람을 병들게 한다.
시기심 질투 교만 비방 욕설 같은

돈 없다고 너무 고민하지 마라
걱정 중 그래도 돈 없는 걱정이 제일 쉬운 걱정이다.
천석꾼은 천 가지 걱정

만석꾼은 만 가지 걱정 있다 하지 않느냐
혹 세상에 걱정 하나 없는 가정 있다 해도
너무 좋아하지 마라

마음 비워라
내 집에만 걱정 있고
옆집 앞집에는 아무 걱정 없는 것 같아도
들여다보면 한두 가지 걱정은 다 있는 법이다.
하느님이 걱정 하나 없는 완벽한 가정 주시지 않았다.
그러한 가정은 교만하여
하느님 나라 들어가기가 어려운 법이다.
이 세상에서 가장 어리석은 사람이
인간사 백 년을 걱정하면서
영원한 저세상을 내 몰라 하며 버리는 일이다.

진정한 자유인

한 평도 되지 않은 공간에 얽매인
부자유스러운 사람
이는 분명 구속(拘束)이다.
한때 잘못이 육신을 옭아 격리의 노예로 살고 있다.
갇힌 곳에서 닦고 또 닦고 조이고 또 조여
기름칠 하다 보니 반들반들 내 마음 윤난다.
비우고 버렸더니 무소유의 기쁨을 맛본다.
멍하니 막막하니 생각의 끄나풀을 이어간다.
갇힌 공간을 벗어나
먼 우주를 향한 끝없는 여행길이 되었다.
마음의 운수 행각(雲水行脚)이랄까?
사유(思惟)의 빈곤(貧困)에서 오는 모자람은
정신을 감옥으로 만들고
죄 앞에 자유로울 수 없는 나는
영혼을 지옥으로 내몬다.
갇혀 있어도 자유로운 사람 많고
활개치고 다녀도 노예로 사는 사람 많다.
사람아
안에 있든 밖에 있든

진정 하느님 앞에 자유로운 사람 그는 누구인가?
그가 진정 자유인이다.

* 2010년 7월 4일 교도소 방문 후에

순리(順理)

오는 사람 막지 말며 가는 사람 또한 잡지 마라
오감이 다 제 마음인 것을
오는 사람 막는다고
동쪽 하늘 아침 해 밝아 오지 않을 리 없고
가는 사람 잡는다고
서산 넘어가는 해 붉게 물들지 않을 리 없다.
흐르는 물 또한 가둔다고
한곳에 마냥 머무르지 않는다.
흙 속으로 스며들거나 수증기로 변하여
하늘로 올라간다.
어느 세월 그 물 할 일 없이 넓은 하늘을 떠돌다
한겨울 눈으로 변하여
네온 불이 어지러이 널려있는 소음 가득한 도회(都會)
사색(思索)의 골목에서
온 우주를 짊어진 양 우거지상을 하고
시름겨워 산책하는 어느 젊은이 머리에 앉은들
네 아무 표시 없으니 어찌 알 수 있으리오.

무지의 소치

옛날에는 갓난애들
갖은 질병으로 돌 지나기가 무척이나 어려웠다.
홍진에 가나 염병에 가나 말이 있을 정도였다.
출생신고도 인간이 되려나 봐가면서
한두 돌 지나서 한 경우도 허다했다.
더욱 손이 귀한 집 자식들은
귀신이 시기해서 잘 데려간다 해서
액땜으로 양밥(액막이)을 했다.
천하게 보이려고
아이를 냇가 자갈돌 둔치에 팔기도 하고
건넛마을 점쟁이 할망구에게 팔기도 했다.
그러다보면 아이는 엄마가 둘이다.
낳아준 친엄마 팔려간 곳 엄마
그래도 갈 아이는 갔다.
그때는 그 짓이 최고인 줄 알았지만
세월 흘러 지금에 와서 보니 의술이 부족했던 것을
다 무지의 소치였다.
세상 일 알다 모를 일 어디 한두 가지이라야

오수(午睡)

여름 한낮 금호강 가장자리에
물오리는 오수(午睡)를 즐기고
자갈돌 위를 흐르는 반짝반짝 은빛 물결은
물빛인가? 햇빛인가?
아니면 살기 위해 새로운 거처를 찾아 올라가는
피라미들의 누운 헤엄의 몸짓인가?
영 알지 못한다.
아직도 발붙여 일할 곳을 찾지 못하고
도시 뒷골목을 어슬렁거리는 백수같이
너희들도 새로운 거처를 찾아 물길 따라 기어오르는
반짝반짝 은빛 물결은
피라미들의 유영(遊泳)인가 보다.

넘어진 김에

여름철 도랑 둔치에 자라던 풀이
어제 내린 폭우에 흠씬 두들겨 맞아
온몸에 빠끔한 구석이라고는 없었다.
엎친 데 덮친 격으로 좁은 도랑에 물이 넘쳐
다들 휩쓸며 내려갔다.
움직일 수만 있어도 도망을 갔을 텐데
신이 목소리만 주었어도 구급차를 불렀을 텐데
어쩔 수 없었다.
다들 의논이 없어도 이심전심으로 아래를 향해 납작 엎드렸다.
넘어진 김에 쉬어 간다고
촉촉하여 깊이 잠이 들었다.
아침 해가 뜨고 햇살이 한나절 등을 두드려도
아직도 일어날 생각을 않는다.
상처가 너무 깊었나?

바람아

발도 날개도 없는 바람아!
어디서 수만리 길도 멀다 않고 휑하니 왔느냐?
빌딩 숲 사이에서 우연히 만난 너
말 물음에 답하며 머무는 법 없이
언제나 바쁜 듯 잰걸음으로 달아난다.
좋은 소식 나쁜 소식 구분 없이
입과 입으로 전해지는 뜬소문도
너 팔아 바람결에 들려오는 이야기라 말하기도 하고
동가식서가숙 하면서 세상을 두루 섭렵하며
자유인임을 만끽하며 사는 나 같은 사람을 일컬어
너를 빗대어 바람 같은 인간이라 말하기도 한다.
바람아! 너
좋을 듯 나쁠 수 있고 나쁠 듯 좋을 수 있으니
천의 얼굴을 한 마술사 이는 나의 이름임을 아느냐?
바람났다. 바람맞다. 바람 들다. 바람 먹다. 바람피우다.
바람 같은 인간
이 말들은 다 너를 빗대어 지은 나쁜 행동이지만
살랑살랑 미풍에 실려
암수로 전해지는 온갖 식물들의 화분(花粉) 싹을 틔우며 자라 익어
동물들의 먹거리임이 자랑스럽기도 하다.

바람아!
너 없는 세상 바람 한 점 없는 어느 나른한
움직이기조차 싫은 무더운 여름
어느 날 같이 조용할 듯하나 서스펜스도 스릴도 없으니
사는 맛인들 있을까 보다.

90 나이에

빨간 장미를 보면 질투를 느낀답니다.
왜냐고요?
나보다 더 아름다우니 사랑받을까 보아
걱정 때문이오.
가끔은 감추어진 내 몸 어느 한 부분이
실수로 불필요한 외출 시 자신도 모르게
부끄러워하며 얼굴 붉히기도 하지요.
원래 여자는 그래야 하니까요.
다정히 다가오면 반갑기도 하고
가슴은 두근거리기도 하죠.
나는 여자이니까 사랑받고 싶어요.
공주같이 들어 올려지기를 바라요.
나는 지금도 마음은 처녀이니까요.
여름철 돌아가는 선풍기 옆에 앉아 있으면
가슴을 집적이는 바람이 마음을 설레게 해요.
쿵덕쿵덕 방망이질해요.
그럴 때 나는 살아 있음을 느낀답니다.
많이 감사한 일이지요.
서쪽 넘어가는 해 더 붉은 이유를
이제야 조금 알 것 같아요.

나이 구십,
일 분 일 초가 아까워요.
원래 호롱불은 기름이 떨어지려 할 때
더 많이 피어나서 밝게 보였다가
툭 끊어지는 법이니까요.

시간 마음 앞에 서면

바쁜 사람에게 시간은 금쪽같고
할 일 없는 사람에게
시간은 늙은이 배 가죽 모양 축 늘어난다.
시간의 속도는 언제 어디서나 일정하지만
즐거운 일 할 때는 천년이 하루 같고
싫은 일 마지못해 할 때는 하루가 천년이다.
시간 마음 앞에 서면
축 늘어졌다 오므라졌다
마술을 부린다.

헛간

허름하지만 어느 것 넣어 두어도 잘 보관하는
언제나 찾으면 나 여기 있소 하며
반갑게 얼굴 내밀 것 같은 곳
헛간
그런 곳이고 싶다.

값나가는 것은 없고
구질구질해 보이지만 정작 필요한 것은 다 있는 곳
헛간
그런 곳이고 싶다.

허술해도 거추장스럽지 않고 마구 던져두어도
그 자리를 지키며
언제나 필요시에 제 힘을 발휘할 수 있도록 보관해 주는 곳
헛간
그런 곳이고 싶다.

지금 세상에도 이런 곳 한곳쯤은 있어야겠다.
그런 마음 그런 장소 그런 곳
헛간
나는 그런 곳이고 싶다.

세상사

하늘 가운데 보름달 한겨울 추위에 얼어 버린 듯
유난히 하얀 얼굴을 하고 있습니다.
이 세상 어떤 일과도 아무 상관없는 얼굴입니다.
물 만난 고기처럼
아니 호떡집에 불난 듯 연일 계속되는 종편 방송들과
최순실의 국정농단 보도에도 아무 관심 없습니다.
달은 어제나 오늘이나 똑같이 밝게 빛나고 있으니
내일 또한 같은 얼굴로 밝게 빛나고 있을 것입니다.
가만히 보면 가는지 아니 가는지 헷갈립니다만
시간이 지나고 나면 달은 저만치 서쪽 하늘 위에 있습니다.
사람들은 아무 관심 없는 달을 보고
비통해 하기도 하고
침통해 하기도 하고
기뻐하기도 하며
못내 아쉬운 슬픈 얼굴 하기도 합니다.
짓누르는 아픔에 가슴을 쓸어내리기도 합니다.
이는 사람의 마음이지 달은 알 바 아닙니다.
세상의 모든 일들은 다 이와 같습니다.
뜻을 모으고 마음을 헤아리고 의미를 부여하는 것은
인간이기 때문에 가능한 것입니다.

모든 것을 자연에 맡겨놓으면 의연하게 아무 일 없는 듯
마무리하고 흘러가기 마련입니다.
피고 지고 태어나고 죽고 하는 것이나
넘어지고 다시 일어나는 것이나
무게만 다를 뿐 이치는 같습니다.
인간이 아무리 호들갑을 떨어도
가만히 있으면 잊은 듯 가기 마련입니다.
있는 그대로 아무 일 없는 듯 흘러가기 마련입니다.

비는 오락가락

비는 오락가락 바닷물은 출렁출렁
내리는 비 사이로 보이는
산의 단풍은 붉으락푸르락 누르락
하늘의 구름들은 들락날락
산길 포장도로에 차 세워놓고
쭈그러진 얼굴은 풍경 속에 몸 밀어 넣어 감추고
몇 컷 찰깍찰깍
잽싸게 스마트 폰으로 전송한다.
달리는 차 안에서 이어지는
나와 너 우리들의 우정의 시간들
육두문자 잔잔한 개그 지난 날 약장수의 시연
이 모든 것을 버무려 놓으니 차 안은 온통 웃음바다.
올라가는 놈은 내려오다 죽고
내려오는 놈은 올라가다 죽고
뒷발 빼면 앞발 붙고 앞발 빼면 뒷발 붙고
이래도 안 죽으면 천명이다.
아마 일 년 웃을 웃음 오늘 하루에 다 웃었을 것이다.
그리고 어릴 적 추억의 현장답사
죽배이 절 바다 경북수목원 영천 땜
산자수려(山紫水麗)한 풍광 가슴에 담고

도로가 된 옛집을 지나면서
고개 돌려 차창 밖을 본다.
논두렁에서 허리 구부리고 일하시던 우리 엄마
허리 펴시며 웃는 얼굴로 돌아보신다.
함께 옛 논길을 걷는다.
낯익은 길 지나간다.
어느덧 점심시간에는 줄 서 기다려야 먹을 수 있는 국수집에
도착
한 그릇 뚝딱하고
다음 달을 약속하며 하루 일정의 대미를 장식한다.
잠 잘 곳으로 발길을 옮긴다.

파도

철썩 또 철썩
한 움큼으로 밀려와 바위에 부딪혀
하얗게 깨어지는 파도야!
무엇 그렇게 아픈 사연이 많아
부딪혀 깨어지기만 하느냐?
피붙이들의 아픈 사연이 많아서일까?
아니면
또 다른 무슨 알 수 없는 사연이 있는 걸까?
먼 바다를 향해 떠나지 못하고
밀려갔다 잰걸음으로 또 다시 밀려오느냐?
오늘도 너희들은 바위에 몸을 던져
깨어지는 아픔을 마다 않고
철썩 또 철썩
소리치며 하얗게 산지사방으로 흩어지기만 하는구나.

본

가정의 중요성은 아무리 강조해도 지나치지 않습니다.
가정은 우리 아이들 몸도 마음도 자라는 곳입니다.
나라의 미래가 자라는 곳입니다.
아이들이 어떤 사람으로 세상을 살아가기를 원하십니까?
그것은 부모가 어떤 사람으로 세상을 살아가느냐에 달려있습니다.
자식들은 자기 부모가 잘사는지 잘못 사는지 모르는 것 같아도
뻔히 다 알고 있습니다.
선하고 착한 부모 슬하에서 자란 아이들은
선하고 착하게 세상을 살아가기 마련입니다.

웃음

굴러가는 돌을 보고도 까르륵 웃는
어릴 때 그 마음도
세월 흘러 어른이 되면 입을 한일자로 꾹 다물고
이마에 석 삼자 줄을 긋고는
사생결단으로 웃지 않으려고 애를 쓰는 것 같다.
네 이놈 어디 날 한 번 웃겨 봐라 하는 듯하다.
웃으면 문으로 만 가지 복이 들어온다고
한자어로는 소문만복래(笑門萬福來)라 했었는데
왜들 웃는 데는 그렇게 인색한지
아니 웃는 얼굴에 침 못 뱉는다고도 하는데
이런 속담도 있는 것 아는지 모르는지?
지하철 안
한 무리의 여학생 조잘조잘
하하 호호 조금은 시끄러우나
그래도 입 꾹 다물고 이마에 석 삼자 주름을 그리고
성을 낸 듯 노려보는 듯
앉아 있는 근엄한 중년의 남성보다 백배는 낫다.
입가에 엷은 미소를 띠고
마주 보는 이에게 가볍게 목례를 보내는
인사 아닌 인사

우리들은 왜 이렇게 보기 좋은
지하철 안 풍경을 만들지 못하는지
제언합니다.
매스컴 어디 한 번
죽고 죽이는 잘못된 것들 보도하듯
시리즈로 엮어 기획물로 널리 알려 보시면 참 좋을 텐데.

아이들의 거울

범죄로부터 아이들을 보호하려면
먼저 부모님들이 잘 사십시오.
부모는 아이들의 거울입니다.
흔히들 아이들에게 거짓말하지 말라 말씀하십니다.
부모님들 스스로 거짓말 하지 마시고 바르게 사십시오.
자기는 거짓말을 예사로 하시면서 말입니다.

아이들 앞에 본보기를 보이십시오.
아이들은 부모를 보고 자랍니다.
콩 심은 데 콩 나며 팥 심은 데 팥 나는 것 진리입니다.
명심하십시오.

행복이란

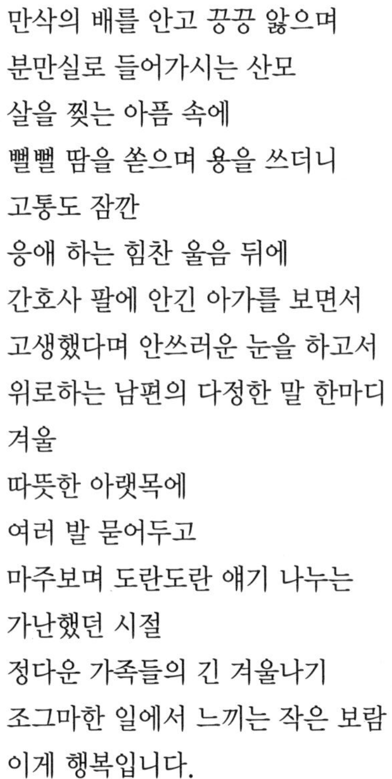

만삭의 배를 안고 끙끙 앓으며
분만실로 들어가시는 산모
살을 찢는 아픔 속에
뻘뻘 땀을 쏟으며 용을 쓰더니
고통도 잠깐
응애 하는 힘찬 울음 뒤에
간호사 팔에 안긴 아가를 보면서
고생했다며 안쓰러운 눈을 하고서
위로하는 남편의 다정한 말 한마디
겨울
따뜻한 아랫목에
여러 발 묻어두고
마주보며 도란도란 얘기 나누는
가난했던 시절
정다운 가족들의 긴 겨울나기
조그마한 일에서 느끼는 작은 보람
이게 행복입니다.

여보 미안해

3월도 벌써 대엿새 만 남았군요.
앞산에 개나리 산수유 매화가 꽃을 피우고
새봄이 왔음을 알립니다.
이 새봄이 새 봄이 되기 위해서는
이웃을 보는 우리들 마음이
사랑으로 가득할 때라 했습니다.
그렇지 않으면
언제나 찾아오는 예년의 봄과
차이가 없다고 했습니다.
진정 우리들 이웃을 내 몸 같이 사랑할 때
새봄 새해 새날 새 마음이 되는 것입니다.
내 이웃을 사랑하라 얘기했는데
하물며 함께 사는 아내야 말해 무엇하리요.
이 아침에
40년 강산이 네 번이나 바뀐 세월 동안
함께 사는 아내 한 번 생각해 보았습니다.
나와 만나 고생만 하고
걱정 그칠 날 없이 살아온 세월
미안할 따름입니다.
귀밑 주름 보면서

여보 당신도 참 많은 세월 흘러갔소.
이 주름 어쩌지 한들 무슨 소용 있소.
마음만 아플 뿐이지
그래도 여보!
그 주름 지울 수만 있다면 내 무엇이나 할 것이오.
이게 내 마음이오.
마음에 있는 말
속에만 넣어두면 아무짝에도 쓸모없다나요.
표현해야지만 알 것 아닌가?
혼자 육두 벼슬 한들 무슨 소용 있나요.
내 그러니 이렇게 실토하는 것이오.
고백하는 것이오.

아랫목에서 윗목

지하철 안
어느 한 노인 지그시 눈을 감고
손에 묵주 알을 굴리며
움직이는 입술에 들리지 않는 기도 소리가
열차 창밖으로 날아간다.
무엇을 위하여 저렇게 정성을 다하시는가?
외양(外樣)만으로 짐작키 어려운 모습
저승까지 거리가
싸리문 밖일 것 같기도 하고
더 가까운
아랫목에서 윗목 같기도 하다.
속단하지 마라
알 수 없지 백세 시대라는데
저승에 대한 두려움 때문에 징검다리를 만드는 것일까?
아니면
아직도 이승의 피붙이들에게
다 하지 못한 어머니로서 의무 때문일까?
여기 저기 소음(騷音) 전화벨 소리에도 아랑곳없다.
감은 눈 미동(微動)도 않으신다.
굳이 묻는다면 대답은 하실까?

70년대 남산동

낡은 누옥(陋屋) 처마가 내려앉을 듯 서로 맞물려
울이 되어 담과 은밀히 동거하는
퇴락한 남산동
쭈그러진 주전자 사발 가득 찰랑이는 뿌연 막걸리에
낡은 바바리코트 깃을 세우고 바람 몰고 들어서는
지갑이 얇은 월급쟁이들의 밤을
뿌옇게 취하게 하는 구겨진 남산동
어디를 거쳐 여기까지 왔는가?
또 다음 갈 곳은 막다른 곳 아니기를
잔주름 고운 이력 붙은 작부의 노랫소리는
세월만큼이나 휘어진 꼬불꼬불 골목길을
더욱 비틀거리게 하는 남산동
뚫린 담을 사이에 두고 마주한 소변소(小便所)
건들건들 하면서 휘갈긴 시원한 배설 뒤
께름칙한 실눈 앞에 서 있는 당신은
씩 웃는 멋쩍은 얼굴로 툭툭 털고 돌아서는 네 모습
뒷머리를 긁적이게 했던 추억의 남산동
옛날 있을까?
찾아간 곳에 옛날이라 말하는 두엇 사람이 소주를 마시며
남산동을 먹고 있었다.

햇빛

햇빛은 닿지 않는 곳이 없다.
꽁꽁 얼은 강 빙판 위
더운 해변 모래사장에도
높은 산 봉오리
물소리 졸졸 깊은 계곡에도
닿으면 잠깐 동안에 없어지는
풀잎에 맺힌 아침 이슬에도
하늘을 날아다니는 철새들의 뒤꽁무니를
쫓아가면서 앉는다.
닫혀 있고 덮여 있고 숨겨둔 곳을 제외하고는
한마디 상의도 없다.
주저함도 없다.
변명은 더더욱 없다.
아름다운 곳이라 더 머물지 않고
더러운 곳이라 일찍 일어나는 법 없다.
가끔은 심술궂은 구름이 방어벽을 쳐놓은 듯
온 천지를 막아버리면
말 한마디 항의도 없이
침묵으로 끈기 있게 기다린다.
밤이 되면 거두어 가고

아침이면 언제나 같은 환한 얼굴을 하고 찾아온다.
살아있는 모든 것은 그를 반기며
생명의 끈을 이어간다.
하느님이 주신 선물 너무너무 완벽하다.

인간이고 싶어라

10월은 결실의 계절
땅에서 땀을 흘려 만들어진 열매를 보며 기뻐하였고
이웃들과 함께 먹거리를 거두어들이고
땀을 흘린 보람으로 긴 겨울을
마음 편히 사색의 시간으로 채웠다.
봄이 오려면 아직도 긴 시간 기다려야만 했던
긴 겨울의 밤을 마음껏 뒹굴었던 지난날들도
지금은 잊혀진 옛이야기
망각을 아쉬워할 사이도 없이
지금은 배부른 만큼 고통과 시련이 따랐다.
무엇이 좋은지도 모른다.
배부른 돼지보다 배고픈 소크라테스가 낫다.
굶주리며 살아도 쉴 때 쉬면서 사색하는
한 인간이고 싶다.
아! 옛날이 그리워라
가난했지만 정이 오고 간 인간이었던 그때
지금은 배는 굶지 않아도
정신은 황폐하고 마음은 불안하기 짝이 없다.
모두가 안달하는 저 모습은
속에 먹보가 가득한 짐승인 것 같다.

자네들! 친구여
우리는 지금 어디로 가고 있는가?
아니 나는 지금 어디로 가고 있는가?
반문해 본다.

삶의 거처를 옮아가다

고개 숙인 벼가 노랗게 익은 가을들녘을
윙 소리를 내며 탈곡기가 한 번 또 한 번 지나간다.
황토흙 원래 모습을 드러낸다.
어제까지만 해도 알찬 벼들로 꽉 찬 넓은 들은
아무것도 갖지 못하고 텅 비어 있다.
하얀 햇빛만이 가득하다.
무리 지은 철새 떼들은 자기들 운동장인 양
텅 빈 공간에서 하늘 가득
일사불란한 예행연습의 한마당 곡예를 보인다.
가을은 결실의 계절이기도 하나
비우기도 하고 버리기도 한다.
원래대로 돌아가 속마음을 보이기도 하는
또 다른 계절이기도 하다.
채움 뒤에 비움이 있고
마침 뒤에 시작이 있다.
이 세상에서 마침인 죽음은
저 세상에서는 시작인 태어남이다.
흔히들 이 세상에서 죽음은 죽음이 아니라
저 세상으로 삶의 거처를 옮아가는 것이다 라고 했다.
시작과 끝

이는 믿고 믿지 않음의 차이가 아니라
알고 모르고 차이일 뿐이다.
이 세상에서는 어디를 봐도 또 다른 시작이 있을 뿐
진정 끝은 없다.
끝이 없는 우주나 끝이 없는 시간이나
거기서 거기다.

제언(提言)

어제까지만 해도 팔팔했던 다리
힘이 넘쳤는데
이젠 느릿느릿 걸음걸이
멀찌막하게 뒤에서 보면 부자연스럽지요.
모두의 소망이 되어 버린 건강이니 챙겨야지요.
거 뭐 챙긴다고 되는 것은 아니지만 말입니다만
그래도 하지 않는 것보다는 낫겠지만
그도 너무 과하게 신경 쓰면 도리어 해롭다 하지요.
그저 그러려니 하며 살다 보면
아픔도 잠깐 잊기 마련이고요
만사(萬事) 유의(留意)
조급증을 갖지 말고
태평한 마음가짐 넉넉한 마음가짐이
이 또한 건강 지키는 비결임을 알아야지요.

허공

보이는 것은 아무것도 없고
보이지 않는 것으로 가득 채워진 곳
정지된 것은 없고 움직이는 것은 자유롭다.
매임이 없고 구속은 더더욱 없다.
보이는 구름을 보이지 않는 바람이 몰고 다니며
하늘 길을 막기도 하지만
이도 잠깐
언제나 길은 열려있다.
같은 길이지만 타고 다닐 수는 있어도
걸어 다닐 수 없고
내릴 수는 더더욱 없다
하늘 길
날개 달린 새들에게는 길이지만
두 발 가진 짐승에게는 있으나 마나 한 길이기도 하다
허공 보이는 것은 없고
보이지 않은 것으로 가득 채워진
비운 마음 같은 것이다.

남매지 4계

봄
새빨간 줄 장미 바라보며
둘레길 한 바퀴 걷노라면
물안개 드리워진 남매지에
물오리도 오리길(2.3km)을 헤엄친다.

여름
한여름 분수 쇼 바라보며
무더위 잊은 듯 걸어가면
어두움이 뒤덮인 남매지의
물고기들 시끄러워 잠 못 든다.

가을
은은한 가로등 불빛 따라
초승달 드리운 남매지의
단풍 길을 여럿 걸어가면
물고기들 깜짝 놀라 잠수한다.

겨울

추운 겨울 얇은 얼음판에
햇빛만 가득히 내려앉고
정적이 감도는 남매지에
텃새 된 물오리들 자맥질한다.

인내와 끈기

꿈도 잠들어야 꿀 수 있고
성공도 노력이 뒤따라야 이룰 수 있는 법이다.
무엇이든지 다 쓰지 않으면 녹 쓰는 법이다.
산의 바위도 그냥 두면 바위일 뿐
다듬어야
갓바위 부처도
다보탑도 석가탑도
석가여래상도 되는 것이다.
산의 큰 나무도 다듬어야
불국사 대웅전 대들보도 되는 것이다.
흐르는 물속
반들 윤기 나는 값나가는 수석은
물과 세월이 인내와 끈기로 일군 합작품이다.
이는 인내와 끈기 산증인이다.

비닐하우스

들판 비닐하우스 지붕 위의 햇빛은
투시도 반사도 마음대로이다.
안은 따뜻하고 밖은 눈부시다.
높은 하늘아래 넓은 땅위
줄이 되어 늘어서 있는 은색의 하우스
밖은 빛이 펼쳐놓은 지평선이며 미끄럼 타는 놀이터이다.
안은 분장사의 현란한 분장술을 닮아
피기도 하고 초록으로 물들게도 하고
붉게도 검게도 파랗게도 줄줄이 알알이 익어간다.

금호강 피라미

휘돌아 물살 빠르게 흐르는 자갈돌 사이
반짝반짝 무리 지은 은빛 피라미 떼
금호강 비단 물결 같다.
산수 빼어난 긴 강
마을마다 처녀 총각들 감아 빗은 머리채 아리땁고 곱다.
거울 같이 맑고 투명한 강물이 흘러 금호라 불리는 동리
갯버들 휘돌아 물살 빠르게 흐르는 자갈돌 사이
지느러미 흔들며 무리 지어 상류로 올라가는
피라미 떼 은빛 물결 반짝반짝 빛난다.

자연의 이치

우거진 산속 숲 나무들 온갖 꽃들 풀들 두 발 달린 짐승들
언제나 저들은
경쟁하지 않고 비교도 않으며 시샘도 모르고 질투를 모른다.
아름다운 모습 보여주고 시원한 공기 마시게 하며
맑은 물 먹게 한다.
지저귀는 새들 온갖 곤충들 벌레들 짐승들
티격태격 싸움도 왁자지껄 다툼도 가끔은 하지만
아름다운 목소리로 노래를 들려주기도 하고
고자질하듯 조근 조근 짹짹거리기도 하고
비명이듯 짹 단발마의 비명을 지르기도 하며
하소연 하듯 쉴 사이 없이 속삭이기도 한다.
또 그들은 먹을 것을 얻기 위하여
아무리 다녀도 길을 만들지 않고
온 산을 휘젓고 다니며 뒤져도
저들의 땅을 파괴하지 않는 법을 알고 지킨다.

죽배이 절

금호초등학교 6년 동안은 인근에 갈 곳이 많지 않았던 관계로
소풍날에는 언젠가 꼭 한 번은 가는 곳이 죽배이 절(죽림사)이다.
짧은 다리로 부지런히 걸으면
학교에서 약 한 시간 조금 더 소요되는 곳에 위치해 있다.
삼면은 산이고 동쪽 영천 방향에 금호강이 남쪽으로 흐르다가
야트막한 산에 막혀 서쪽으로 방향을 바꿔
금호 넓은 평야로 조용히 넓게 흐른다.
평범한 절이지만 금호사람이면 죽배이 절 하면
모르는 사람이 없는 유명 사찰이다.
그런데 왜?
죽림사가 죽배이 절이 되었는지 아무도 모른다.
절이 소재한 지명이 봉죽이니 거꾸로 하면 죽봉 죽봉하다 보니
죽배이 절이 되지 않았을까? 혼자 생각해 보곤 한다.
천년 신라 고찰 죽배이 절
많은 사람들이 꿈도 바람도 희망도 가득 가슴에 담고
빌며 기도드렸던 절
불교신자이든 아니든 한때 신자였던 사람들까지
오늘까지 호념(護念)이 이어지지 않았나 생각해 본다.

결과의 산물

나체가 된 두 사람이 침대에서
한몸이 되어 뒹굴 때에는 천국이 따로 없고
홀랑 벗고 마취에 취하여 정신을 잃고
수술실 침대에 누워있으면
시장 모퉁이 정육점 진열대에 꼬챙이에 끼워 걸어 놓은
붉은 살코기와 무엇이 다를까?
인간으로서 누릴 수 있는 온갖 권리도
스스로 걸어 다닐 수 있는 건강할 때 얻어지는 산물이니
건강의 중요성은 백번 얘기해도 부족하다.
인간답게 사는 것은
어디에서 무엇을 하며 어떻게 사느냐에 따라
얻을 수 있는 결과의 산물이다.

상상이라도 할 수 없을 거야

휴지가 없었던 아니 종이가 귀했던 시절
날짜 지난 신문이나 돌가루 포대를
여러 번 비벼 사용했던
아니 그마저 없었던 시절을
뒷간에서
부드러운 짚의 용도를
가끔은 손에 묻기도 했던
어려웠던 그때 그 시절
그 사용처를 아는가?
지금 너희들은
아마 상상도 할 수 없을 거야.

여름 천막 수업

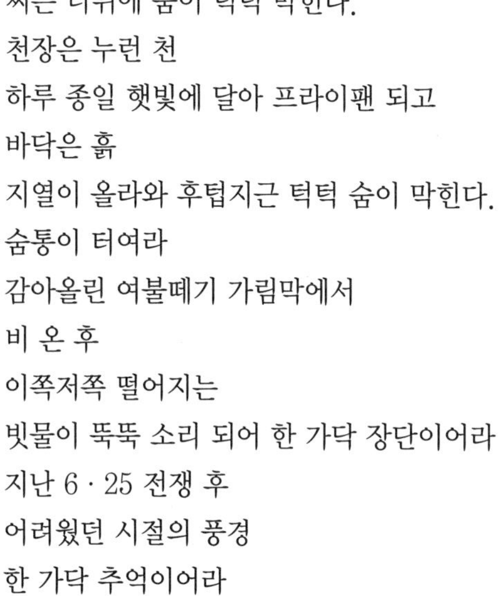

찌는 더위에 숨이 턱턱 막힌다.
천장은 누런 천
하루 종일 햇빛에 달아 프라이팬 되고
바닥은 흙
지열이 올라와 후텁지근 턱턱 숨이 막힌다.
숨통이 터여라
감아올린 여불떼기 가림막에서
비 온 후
이쪽저쪽 떨어지는
빗물이 뚝뚝 소리 되어 한 가닥 장단이어라
지난 6 · 25 전쟁 후
어려웠던 시절의 풍경
한 가닥 추억이어라

나무야! 나무야!

나무야! 나무야! 뭐 하니?
논다.
뭐 하고 노니?
사람 보고 논다.
어떤 사람?
깨끗한 공기 마시러 왔다가
이웃 산 바라보며 멍하니 앉아 땅이 꺼져라 한숨 쉬며
불안해하는 사람
실직자인가 보다 불쌍해라.

나무야! 나무야! 뭐 하니?
논다.
뭐 하고 노니?
사람 보고 논다.
어떤 사람?
맑은 물 마시러 왔다가
하늘 쳐다보기도 하고 땅만 내려다보기도 하다 한숨 쉬다
때론 날 붙잡고 우는 사람
부도났는가 보다 가슴 아프다.

나무야! 나무야! 뭐 하니?
일한다.
무슨 일?
실직자 부도난 자 신용불량자
그리고 필요로 하는 모든 사람들을 위해
바람 소리 새소리 들려주고 맑은 공기 깨끗한 물
만들어 먹여주고
야호! 하는 우렁찬 목소리 가슴 탁 터지도록 고함쳐도
받아준다.
이만하면 서 있는 보람 있지 잘했지
오늘도 내일도
산은 나무를 품고 이렇게 미래를 열어 간다.

옥탑 그리고 반 지하방

더 내려갈 수 없는 낮은 곳
더 오를 수 없는 높은 곳
쥐들이 들락날락거리는 바닥과
바람이 숭숭 드나드는 하늘을 향해
확 트인 열린 곳까지
도시에 혼재하는 삶의 한 형태
높낮이가 정반대이지만 엇비슷한 시원찮은 삶의 공간
낮은 곳은 세월을 보낸 꿈마저 잃은 늙은이들이
리어카를 끌며 파지나 고철에 목을 매고
높은 곳은 홀홀 단신 젊은이가
꿈을 그리며 확 트인 하늘을 보며
희망의 끈으로 별을 따려 한다.

종로의 조각상 셋(젊음의 거리)

한 집 건너 또 한 집
먹고 마시며 밤을 질펀거리게 하는 술집으로
서서히 간판이 바뀌는 종로
대구 여행의 상징인 근대화 골목길을 다니시기에
거치적거리실까 보아
자동차 길은 북쪽에서 남쪽으로만 열어 놓았다.
빼앗긴 들에도 봄은 오는가?
조국의 모습에
절망하며 절규했던 민족시인 이상화 고택을 지나
아직도 식지 않은 찡한 코끝을 문지르며
또 하나 근대화 상징 건물인 천주교 계산 성당을 뒤로하고
탕약 냄새가 은은히 풍길 것 같은 약전 골목을 빠져 나온다.
언제부터인가? 하나둘 떡집이 늘어나더니
제법 모양을 갖추어 가는 먹음직한 떡들이 진열된 점포들을 지나
얼마 전까지만 해도
화교들이 많이 살아 화상들의 골목이라 불렀으나
하나둘 떠나고 겨우 명맥만 유지하는 길을 들어서자
한 무리 여행객들이
긴 골목이라는 뜻으로 부르는 진 골목으로
빨려 들어가듯 사라진다.

아직은 가로수라 서 있어도 어린 나무들
길가 조각상들을 덮을 그늘 하나 만들지 못하고
한낮 햇빛이 얼굴을 익히려는 듯 따갑게 내리쬔다.
동그란 얼굴 웃는 듯 아니 웃는 듯
크지 않은 실눈 같은 두 눈 스스로에게
먼 후일 어디서 무엇을 하며 살아갈까?
의자에 앉아 책가방을 옆에 두고
자신에게 묻고 답하는 학생 조각상 하나
길 건너 앞산 쪽으로 조금 비켜 가면
무엇이 그리 우스운지 떡하니 입 벌리고
잡지 나부랭이를 읽는 모습
시원찮은 독서 삼매경에 빠졌다.
긴 인생에 어느 과정이 소홀하여 후일을 기약하지 못한다면
아마 발도 키도 크나 마음이 크지 못하여
지금 정신 놓은 이 모습이 원인의 단초는 아닐까?
그저 시간 죽이는데 정신이 팔려
정신과 육체를 단련하고 학습하며
세상 돌아보지 못한 이 조각상이
거리를 지나다니는 많은 젊은이들에게 던지는 메시지는
과연 무엇일까?

조금 더 남쪽으로 발길 옮기면 오늘은 일찍 오실까?
기다려도 아니 오시는 지아비 아이 등에 업고
길가로 마중 나온 동그란 얼굴에 비녀도 단정히 꽂은
한복 입은 저 여인은 전시용인가?
넘쳐나는 인파 속에 눈 씻고 찾아봐도 볼 수 없는
조선의 새아씨 여인상은 변해버린 세태에 던지는
우리 것을 지키라는 또 다른 메시지인가?
밤은 깊어가고 빨건 불판 위에
노리끼리 잘 익어가는 먹음직한 고기 안주에
술술 잘 넘어가는 소주 양만큼이나
밤은 비틀거리며 술 취한 이들의 발길에 걷어차이는
조각상들 주위에 언제나 분주하게 발길 이어지며
밤이면 더욱 붐비는 종로
오고 가는 말속에 욕까지 버무려져
포장되지 않은 논길같이 질펀거린다.
금고 자개농 반닫이 등 변신하지 못하고
시대 뒤떨어진 구닥다리 물건을 팔다
손님 뜸하여 문 닫으려다
어느 날부터 불경기에는 먹는 것이 제일이야 하면서
하나둘 술집으로 간판 바꿔 달았다.

먹고 마시며 취하여 비틀거려도
젊다는 이유만으로 이해되고 용서되며 활기를 찾는 거리
앉으나 서 있는 조각상 셋이 어우러진 길
굳이 이름을 붙인다면
화상 골목도 떡 골목도 조각상 골목도 아닌
젊음의 거리라 부르리라
자정을 지나서도 담배 연기까지 어우러진
뿌연 연무(煙霧) 속 실내에서 길거리에서
젊은 그들 시끌벅적 왁자지껄 말의 비빔밥을 포장한다.
손가락에 낀 담배 한 개비가
보기 흉한 새아씨의 흐트러진 모습을 보는 일이 낯설지 않은 곳
그래도 젊은이로 꽉 찬
다시 젊어지는 거리 젊음의 거리 종로
희망을 엮는다. 꿈이 영글다.

억장 무너지는 소리

높은 산에 오르면 닿을 것 같아
올라간 높은 산
내 발밑에 구름을 두고도
하늘은 별들을 데리고 더 멀리 잡을 수 없는 곳으로 달아나 버렸다.
억을 모으면 큰 부자로 산다기에
이를 악물고 힘들게 일억을 모았더니
성냥갑 같은 열다섯 평 아파트가 십억이란다.
일억으로 겨우 내 한 몸 들어가 누울 수 있는 공간 살 수 있다니
억장 무너지는 소리 들린다.
아무리 돈이 흔해도 이건 정말이지 이게 아니다.
닿을 수 없는 것은 하늘이나 부자로 사는 거나 매 한가지이다.

마동 할머니

마동 사시는 여든여섯 할머니 교통사고로 돌아가셨다
흔히 있는 교통사고 별반 이목을 끌 일 아니지만
그래도 돌아가신 사유가
단지 지난 세월 어렵게 살아온 우리 모두를 웅변하기 때문이다.
뽀글뽀글 머리 하신다며
가까운 이웃 놔두고 조금 먼 곳 싸다며 가시다 사고를 당하셨다.
그 몇 천원 아끼시려고
연금도 받으시겠다,
아들딸 다 자기 건사하겠다,
몇 천 원 더 쓴다고 뭐 나무랄 사람 없건만
돈 몇 천 원 아끼는 거
몸에 밴 근검절약이야
주일 낮 미사시간에 맞춰 택시(버스 값이나 택시 값이나 같다) 내리시는 다정한 아름다운 노부부를 보는 즐거움도 이젠 없어져 버렸다.
자는 잠에 나 먼저 데려가라 하시던 할아버지
조석이며 빨래며 아니 그보다 외로움 어찌할꼬
그러나 어쩔 수 없는 일

이왕지사 먼저 가신 할머니
할아버지 곧 뒤따라가실 터이니
좋으신 하느님 나라 먼저 가 계시옵소서.
두 손을 모은다.

석양이 붉은 이유

징검다리
하나둘 훌쩍 뛰어 넘어
뒤돌아서서 보니
흐르는 물 따라 세월이
송두리째 빠져 저만치 간다.
앗 차
어깨 툭 쳐
붙잡고 싶다만
어찌 가는 것 세월뿐인가
너 가고 또 너도 가고
갈 것은 다 가고
마지막 남은
재까지 다 태우고 가려고
또 저물 적 노을은
저렇게 붉은가 보다.

일출봉 정상

낮게 드리운 운무(雲霧)가
숲을 점령하듯 나무 사이를 스멀스멀 지나간다.
어느 전쟁 영화의 한 장면
보이지 않는 적을 찾아 총구 겨누며
이리저리 매섭게 쏘아보며
민첩하게 움직이는 병사들같이 팽팽하게 긴장감이 감돈다.
바다는 평온한데
일출봉 하늘은 시꺼먼 구름이 뒤덮었다.
일촉즉발 한바탕 퍼 부울 것 같다
오는 비는 하늘의 뜻
하늘 아래 모든 것
내리면 맞아야 하는 것
바다나 육지나
그 속에 인간도 매한가지
나도 비를 맞는다.
일출봉도 비를 맞는다.

여수항

늦가을 바람마저 싱그러운 11월 10일
오동도 등대 전망대서 바라본
여수항
바다 보이는 곳
이산 저산 이곳저곳
어느 적당한 장소에
같이 간 일행 중 한 분
시드니 오페라하우스 옮겨 놓으면
아– 이 세상
세계 어느 항구 도시도
이보다 더 아름다움을 흉내 내지 못할 것이라 한다.
뒷산 동백나무 늘 푸른 군락(群落)
앞 바라보니 파아란 바닷물
그 위를 둥둥 크고 작은 배
무지개와 어우러져 노래하는 물
높고 낮고 많고 적고 웅장하고 단순하고
근엄하다 때로는 출랑거리는 물의 군무(群舞)
한 곡 끝난 후 물보라에 피어나는
아름다운 무지개
바로 앞 산 중턱 여기저기

형형색색 크고 작은 집들
공터에 들어설
2012년 여수 세계박람회 개최장
예사롭지 않은
미리 보는 아름다움 그림 하여 본다.

사람의 목숨

사람의 목숨
아무도 거두어 가는 날 모른다.
총알이 비 오듯 하는 전쟁터에서도
용케 살아 돌아오는 이 있고
첩첩 산길 하루 종일 차 몇 대 다니지 않은
굽이굽이 비포장 느릿느릿 길에서
서로 부딪쳐 목숨 앗기는 이도 더러 있다.
태어나는 날은 정확하지만
목숨 다 하는 날은 아무도 모른다.
어찌 보면 사람의 목숨도 하늘의 필요에 의해
이루어지는 것 같다.
어느 집이고
먼저 가는 이 보면
거의 그 집 또는 그 집안에서
제일 잘난 이이다.
오래 살려면
적당히 1등보다는 2, 3등도 괜찮은 것 같다.
우리 속담에
욕 많이 먹으면 오래 산다는 것
그것 옳은 말이다.
욕 많이 먹는 이 치고 잘난 이 없으니 말이다

달동네

새벽
땡땡 두 번 치는 옆집 시계
나 아직 잠들지 못했나 보다.
땡땡땡 세 번 치는 옆집 시계
난 아직도 잠들지 못 했다.
땡땡땡땡 네 번 치는 옆집 시계
툭 구겨져 던져지는 조간신문 떨어지는 소리
내 생각마저 구겨지며 하얀 밤 되었다.
이른 아침부터
안에서는 버리는 쾌감에 온 몸을 흔들고
밖에서는 긴 줄이 되어
비우지 못해 발을 동동 구르며
낯빛이 변하면서 용을 쓰는 사람들

신분상승

산의 돌은 그저 돌일 뿐
그 돌 다듬어 절간 머릿돌 만들면
그 돌도 문화재 된다.
산의 바위는 그저 바위일 뿐
그 바위 다듬어 부처 만들면
발아래 많은 사람들 도와 달라 합장(合掌)하며
구부린 허리 펼 줄 모른다.

문화재

사람이 만들고 오래되면 문화재 된다.
살던 흔적도 없어지지 않고 오래되면
그도 문화재 된다.
살아 숨 쉬는 것
모두는 죽지 않고 오래오래 살면 다 천년 기념물 된다.
그러나 땅속 긴 세월 동안 썩지 않고 잠든
인간 미라는 연구대상일 뿐이다.
수만 년 후 내가 당사자라면
아이쿠! 말도 하지 마이소 징그럽습니다.

백령도(白翎島) 두문진에 서니

바다 찬바람도
이글이글 태양도
몸으로 맞선 저 모습은
누 만년(累 萬年) 세월을 견디어
가지가지 모양의 기둥으로 변한 저 바위들
영원의 징표이다.
인내의 상징이다.
영원과 찰라 대칭(對稱)인 양
초록에 묻혀 구멍 속에서
피붙이에게 긴장하면서 총구를 겨눈
잠깐 동안 자유를 접은
한번 해병(海兵)이면 영원한 해병들을 본다.
오래 산다 해도 겨우 100년을 살면서
저 바위 같이 천만년을 살 것처럼
죽이고 죽는 남과 북
왜들 이러지?
무수한 기둥이 된 바위들 무게만큼이나 엄숙하게
영원의 속삭임을 알아들어야 하거늘
푸른 하늘도 출렁이는 바다도 말을 하지 않는다.
초록의 산 아래

갈매기들
빙빙 도는 저 모습은
꾸르륵 꾸르륵 알아들을 수 없는 저 소리는
평화에 대한 갈망을 소리로 말을 하는 걸까?
몸짓으로 나타내는 걸까?
지나고 나면 반드시 다시 찾아지는 훨훨 날아다닐 수 있는
자유가 있음을 알기에 긴장을 늦추지 않는
한 번 해병(海兵)은 영원한 해병인 그들
서해 끝 백령도 두문진 바다 산 위 초소에 서서
분단의 이 현실이 평화를 위한
어쩔 수 없는 일시적 구속임을 알고
젊은 날 한 번쯤은 넘어야 할 산(山)임을 믿는다.

장마철

장마철에 찔끔 내리는 비는
게으른 이들에게는
달콤한 낮잠 잘 구실을 주기도 하고
부지런한 이들에게는
일할 기회를 주어 바짓가랑이를 젖게 하기도 한다.
장마철에 잠깐 나온 햇빛은
눅눅한 이불을 산뜻하게 말려 기분 좋게 덮을 수도 있으며
개구쟁이 아이들 옷을 뽀송뽀송하게 입힐 수 있기도 하다.
부지런한 이에게 도구일 수 있고
게으른 이에게 구실일 수 있다.
시간의 사용은
자기만의 노하우
잘 쓰고 못 쓰고는 모두 자신 탓
쓰든 말든 어김없이 가는 것이기도 하다.

업(業)

가지에 앉아 녹으면 물이 되어 흘러내리는 눈도
한겨울 긴 생명의 끈 이어가는
수백 년 노송 가지에 소복이 쌓이면
한밤중 우지끈 큰 소리 내면 부러지는 아픔을 겪는다.
나의 티끌 하나같은 조그마한 잘못도
털지 않고 쌓고 또 쌓으면 부러지는
수백 년 노송 가지와 다를 것 전혀 없다.
업 스스로 짓기도 하고 지우기도 한다.

* 자선 봉사 희생 등 선행은 업을 지우는 지우개 역할을 한다.

마당 발

만나는 사람마다
한 살이라도 위면 형님 아래면 아우님
넉살 좋기로 둘째가라면 서럽다.
한번 만났다 하면 이러하니
십 년 세월 두 번 흐르고 나니
인근에는 모두 형님 아우님이다.
이를 두고 마당발이란다.
넉살 좋고 입심 좋고
두루뭉수리 좋은 게 좋다고
되는 것도 없지만 안 되는 것 또한 없다.
저 사람 참 좋은 사람이다.
왜, 자기한테 잘해주니까?
아니 모든 사람에게 이러하니까?
이해 당사자가 아니니까? 시시비비 따질 일 없으니까?
지방의원 보통 이런 사람이 된다.
말하기 좋은 풀뿌리 민주주의 좋은 것만 아니다.

제주도 말

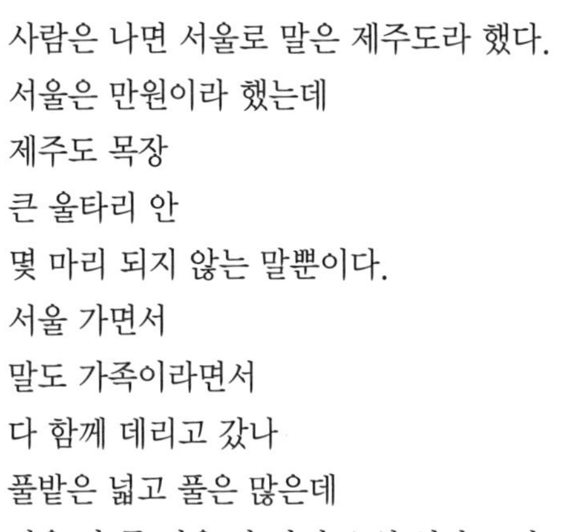

사람은 나면 서울로 말은 제주도라 했다.
서울은 만원이라 했는데
제주도 목장
큰 울타리 안
몇 마리 되지 않는 말뿐이다.
서울 가면서
말도 가족이라면서
다 함께 데리고 갔나
풀밭은 넓고 풀은 많은데
서울 간 풀 먹을 말 아직 소식 없나 보다.

송악산(松岳山) 보려

좋다는 100여m 높이 송악산 보려
찾아가 도착해보니 안개 비 길게 드리우고
바람마저 거세게 일어 앞을 막는다.
해변 산까지 가기는 하겠는데?
파도소리
철썩철썩
저 소리
보고 가소
그냥 가소
보고 가라는 것일까?
그냥 가라는 것일까?
오는 날 장날 아닌가 봐 자연이 가는 길 막으니
하늘의 뜻인가?
아무리 좋은 곳이라도 무리하게
그저 구경일 뿐
생명 구할 일 아니니
다음 또 봄세
인사 남기며 돌아오는 길
파도마저 삼켜버린 바다 바람이
산을 모질게 매질한다.
산이 으르렁 심하게 울부짖는다.

우도

우도
바다 가운데 떠 있어도
옆에 제주도가 있어 외롭지 않은 섬
울긋불긋 색다른 무리 지은 이색 지붕들
성씨(姓氏) 별로 칠했다는 관광버스 기사 우스갯소리
보고 베낀 것 같은 하나의 색깔
천편일률(千篇一律的)인 것보다
다양성(多樣性)의 조화를 염두에 둔 것일까?
지붕 색깔이 다르다고
마음마저 나눠진 것 아니겠지?
그저 보기 좋아라 칠한 것
마음은 하나이겠지?
넓지는 않지만 넓은
크지는 않지만 큰
우도
개인이 운영하는 자연사 박물관이 잘 말해준다.
산 능선 소가 누워 되새김하는
평화로운 오월 한낮 왔다 가는 나그네
우도(牛島)
평화를 보고 갑니다.

초등학교 운동장

푸름 가득한 풀밭
중앙에 둥근 원
야구장은 아닌 것 같고 축구장을 만든 걸까?
매일 보아온 바다색에
싫증이 난 아이들 발아래
파아란(청록) 색 풀밭을 펼쳐놓았다.
정말 아름답고 보기 좋은
아이들 공간
걱정일랑 붙잡아 매소
뒹굴다 보면 운동은 자연히 하게 되는
눕고 싶은 잔디 운동장
여기가
유럽인가? 아메리카인가?
아니면
뉴질랜드인가?
눈 씻고 잘 보니
우리나라 제주도 초등학교 운동장일세.

정말 못난 사람

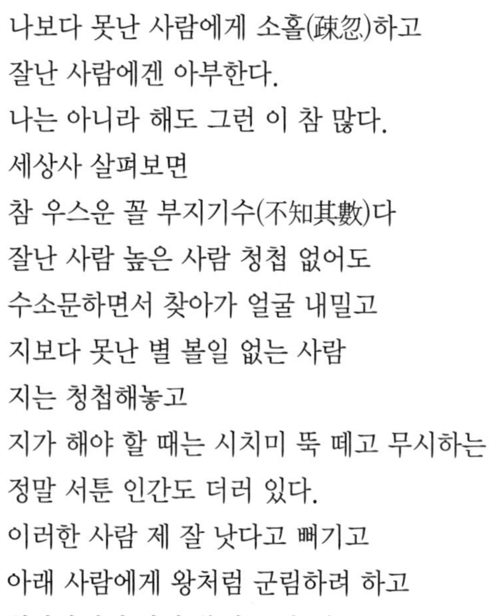

나보다 못난 사람에게 소홀(疎忽)하고
잘난 사람에겐 아부한다.
나는 아니라 해도 그런 이 참 많다.
세상사 살펴보면
참 우스운 꼴 부지기수(不知其數)다
잘난 사람 높은 사람 청첩 없어도
수소문하면서 찾아가 얼굴 내밀고
지보다 못난 별 볼일 없는 사람
지는 청첩해놓고
지가 해야 할 때는 시치미 뚝 떼고 무시하는
정말 서툰 인간도 더러 있다.
이러한 사람 제 잘 났다고 뻐기고
아래 사람에게 왕처럼 군림하려 하고
윗사람에게 간과 쓸개도 다 내주는
아주 못난 사람이다.

감 되어야지

고스톱에서
잘 치지 못하는 사람이 선을 하면
뒤에 앉은 사람들 만만하게 보고
바로 뒤에서 따라 고 한다.
자리 잘못 앉으면 광 여럿 팔아
끝에는 피박까지 당한다.
지금 대선으로 가는 길
출마도 감이 되지 못하는 사람
여럿 나온단다.
앞선 사람이 얼마나 품격을 떨어뜨렸으면
도토리 키 재기씩으로
감도 되지 못한 이들 나오는가?
만만하게 보이면
뒤에 앉은 이 여럿 고 하듯이
지금 대선으로 가는 길 그 모양이다.
어느 분이 나오든 잘 찍어
선한 이 백성 쓰리 고에 피박은 피해야지.

질그릇 안의 쑥

광주리 안에 질그릇
그 안에 담겨진 가루 쑥
불 붙여 달구어
단전(丹田)에 얹어 긴 시간 쪼이니
수맥(水脈)은 인간에게 해로움을 주나
쑥 맥은 병을 낫게 하는 이로움을 준다.
쑥의 놀라운 기운을 우리는 믿는다.
이것저것 첨단의 의료장비
현대의학에 의한 치료에도
낫지 않은 병을 찜 뜸으로 지극정성 보살피니
어느 덧 씻은 듯이 병이 낫는다.
쑥은 생리상
자기 자라온 환경이 아무리 척박하여도
그 안에서 만들고 다듬고 개척하여 생활하는
끈질긴 생명력이 있다.
이러한 쑥의 모습이 우리들에게 주는 교훈이다.
어떤 병이라도 능히 이길 수 있는
힘을 불어넣어 주는 것이다.

조그마한 축구공에

2006년 한국의 6월
긴 하루해가 지면 둥근 축구공이 다시 뜬다.
붉은 노을이 서산을 물들이면 노을의 너울이 밀려오듯
시간의 구애(拘礙)를 받지 않고
초저녁에서 자정을 지나 새벽 여명(黎明)으로
붉음의 파도가 밤새도록 홍야(紅夜)를 이룬다.
거리 곳곳에 한두 사람
때로는 무리 지어 붉은 셔츠를 입은 남녀노소가
TV가 설치된 곳이면 광장과 공원과 넓은 네거리와 운동장에
왁자지껄 손잡고 모인다.
간혹 머리에 붉은 뿔 같은 것을 꽂은 이들도 있다
한국의 심장 시청 앞 광장
작은 마라도 잔디 깔린 학교 운동장
독도 경비대 막사 안
어디 할 것 없이 붉음과 사람의 조화
안타까운 한숨 뒤에 터져 나온 우렁찬 믿음의 목소리
아-아 대한민국 짝짝
연출되지 않은 합일의 탄성 4년 만의 재회 기쁨
남쪽 5천만의 함성이 반도 북쪽 백두를 휘돌아 한라까지
조그마한 축구공에

이 민족의 염원이 뭉쳐 비상(飛上)의 나래가 되어
지구의 지축을 뒤흔들었다.
뭉쳐 아니 되는 일 없고 끌고 당기면 못 오를 산 없다.
오늘이 내일 되고
6월 19일이 될 것이다.
아- 아 대한민국 짝짝

충고 하나

물질의 이동에는 시간과 공간이 필요하지만
사람의 변하는 마음 어제와 오늘이 없고
이곳저곳 따로 없다.

같이 사는 내 짝 내 잘못하면
몸 여기 있어도
마음 내 알지 못하는 누구에게 간다 한들
내 어쩔 것인가?

이게 인간이다.

서로 몸 부대끼며 사는 사람도 이럴진대
항차 남이야 말해 무엇하리요.
네 예쁘다면
남도 네 예쁘다 할 것이며
네 밉다하면
남 또한 네 밉다 한다.
서로에게 칭찬은
임에게 해줄 수 있는 돈 들이지 않은 가장 큰 선물이지요.
다들 잘해요 다들 사랑해요.

이젠 길지 않은 남은 시간 서로 티격태격
믿지는 않았다 해도
그래도 볼썽사나운 꼴은 없어야지요.

하얀 파도

주문진 바닷가
밀려오고 또 밀려오는 하얀 파도는
열대 사바나 푸른 초원에서
먹이 쫓아 으르렁거리면서 달려오는 사자 모습이다.
철썩 또 철썩
하얀 물보라 일으키면서 부서져 흩어지는 파도는
먹이 사냥에 실패하여 입을 크게 벌리고 할딱이면서
눈만 껌뻑거리며 사라지는 사자의 힘 잃은 모습이다.

바다의 파도가
초원의 사자가 되었다.

화무십일홍(花無十日紅)

저녁나절 내린 봄비에 방긋 꽃봉오리 맺는가 하였더니
성질 하나 급하게도
하루 사이 활짝
부는 봄바람에 한껏 고개 치켜들고
살랑살랑 퀸이 된 4월의 얼짱 너 노란 라일락
어느새 세월 갔는지?
겨우 칠팔일 열흘도 채우지 못하고
천년 갈 것 같은 그 매무새가
조금 내린 비에도
후줄근히 힘 빠지는가 하였더니
봄비가 힘에 겨웠나?
가을 단풍 같이 울긋불긋 잡티 하나 없는데도
제 몸 하나 가누지 못하더니
채신머리없게도 힘겨워하며 떨어진다.
겨우 이러려고
아이고! 부끄러워라 뽐내지나 말 것을
화무십일홍(花無十日紅)
4월의 얼짱 너 라일락만 몰라서일까?

성형미인과 정원수

가지를 잘라 땅에 심으면 또 하나의 나무가 자란다.
내 살을 찢는 크나큰 아픔 속에
자식을 얻는 기쁨을 맛본다.
식물은 말하지 못하지만 꺾고 뜯기고 찢기는 아픔
왜 없을까?
길가 커다란 볼품 있는 집 정원의 나무들
나무의 의사는 묻지 않고 칼과 톱과 가위로
앞뒤 아래 위 간격과 규격에 맞춰 다듬어 놓으니
아름다운 정원수가 되었다.
유명 여배우 사진을 놓고
긴 잠 속
성형외과(成形外科) 의사의 메스가 여러 번 왔다 갔다 한 후
깨어보니
거울 속 나도 예전에 내가 아닌
아주 만족하지는 않지만 폼 나는 집 정원수 닮아
미인이 되어 있었다.

기다림

육신의 고통은 눈을 감음으로 없어지고
마음의 고통은 잊음으로 삭여진다.
가지지 못한 것에 안달하고 부러움 가지지 말아라
아무리 많은 물질 가졌다 해도
뭐 하나 소용 있나?
네 몸마저도 놓고 가는 것
남겨진 흙 속에 네 육신
눈 있어도 보지 못하고
귀 있어도 들을 수 없고
손 있어도 만질 수 없고
발 있어도 갈 수 없다.
오직 할 수 있는 것은
누워 흙으로 변화하는 기다림뿐이다.

초가 한 칸

초가 한 칸
조그마한 마루 아래
섬돌이 저기 있다.
있어야 할 하얀 고무신들은
다 어디 가고
혼자 외로운 섬돌
귀뚜라미도 혼자 운다.
허허한 가을 달빛 아래
어느 누가 돌보지 않아도
예년과 같이 저절로 타고 올라간
쓰러져 가는 초가지붕 위 넝쿨 속
두 덩이 박만이
몸 떠나도 떠나지 못한 저 방안에
남은 내 마음을 알려한다.

그림 한 장의 기쁨

따스한 봄 하늘 아래 꾸불꾸불 정리되지 않은
푸르른 보리밭 이랑 사이에
하늘을 우러러 노란 주둥아리 벌리고
모이 달라는 새끼 종달새
오월의 옛 달력 그림이
헌책 겉장 입힌 종이 밑에 숨어 제 색깔 근사하고
날 보셔 하며 반긴다.
그림 한 장에 젊은 날의 추억이
한 입 가득 머금은 알갱이 넘길 수 없도록
시린 코끝에 닿는 울컥하는 뜨거움 되고
오랜 시간이 주는 잊을 뻔한 일들이 재생되니
과거와 미래가 공존하는 나만의 울타리
그 속에 펑퍼짐하게 누운 사유(思惟)의 함몰
그곳을 벗어나도록
그림 한 장에 기(氣) 뿌려지니
큰 기쁨 되게 한다.

탱자나무에 달린 사과

큰물 지난 후
낮은 다리 건너 삼호 가는 길
사춘기 소년 키 높이
탱자나무 울타리 중간 가지엔 큰물이 지나간 자리에
주절이 달린 빨간 능금
자연재해가 시름 가져다 준 고맙지만은 않은 선물
가슴 조이며 먹어야 했던 사과 서리
아니면 앉은 자리에서는 먹을 수도 없는
그 시절
도회로 팔려간 능금을
담력 크고 발 빠른 아이들
홍옥이 준 약간 시고 달콤한 맛
그 맛을 이때 맛보았다

시골집

햇빛이 유난히 빛난 하얀 어느 여름날
마당 넓은 집
바지랑대 위 고추잠자리 한 마리
머리 숙였다 폈다
빨강 꽁지 올렸다 내렸다.
허공중엔 빨강 고추잠자리 여러 마리
눈치 보는지 빙빙 사랑할까? 말까?
하늘에는 검은 구름 몰려다닌다.
이글거리는 해 나왔다 들어갔다. 하얗다. 깜깜했다.
내리는 비 찔끔찔끔
동네 마당에 물방울 만들어져 떠내려가다. 없어졌다.
바지랑대 위 하얀 옷들 펄럭이다 없어졌다.
보는 나 머리 빙빙
눅눅한 바람 화를 참는 듯 휑하니 휘감으며 지나간다.

한여름 밤 야외 음악당

한여름 6월 초엿새
초승달 앞세우고
운동 겸해 찾아간 두류공원
언덕배기 수를 놓은 듯 푸른 초원
더위 피해 나들이 나온
참 많은 가족 단위 피서객
그리 밝지 않은 야외 조명등
하늘엔 장마 지난 뒤 뭉게구름
그 위를 초승달 뜨고
도회의 불빛 어우러진 사이사이를
평화의 하모니가 가뭄에 단비 내리듯
이 가슴 저 마음에 촉촉이 적신다.
선전물에 나 있는
이름난 유럽의 어느 도시와 같이
태극기 앞세우고 독도가 우리 땅
관현악단의 멜로디
나들이 나온 가족들 박수의 힘찬 장단 맞춤
우리가 있고 조국이 있고 미래가 보인다.
도심에 야경이 고운 음률과 어울리니
대중 속에 예술이 있다.

문화가 있다.
주변 환경의 고마움이 크게 느껴진다.

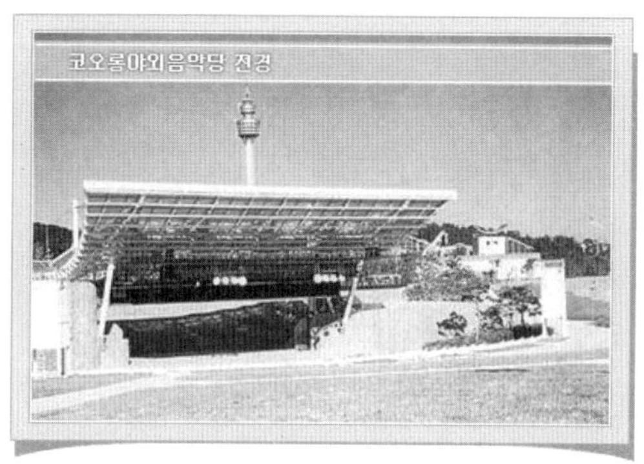

두류공원 야외 음악당

들꽃

아무리 잘 가꾼들
온실 안의 화초가
풍찬노숙 산과 들에 피는 꽃보다
아름다울 수 있을까?
온실 안 화초
칼로 베고 가위로 다듬어
위아래 옆 규격과 간격이 조화롭고
색깔이 아름다워 과히 파격적이라 해도
자연에서 만들어진 기암괴석(奇巖怪石) 같은
인위적으로 만들 수 없는
꽃의 아름다움만 하리요
더욱
꽃의 본마음인 향기(香氣)는
하늘을 지붕 삼고 눈 이불을 덮고
긴 겨울
폭풍한설(暴風寒雪) 언 땅에 깊이 뿌리내리고
살며 지은 향기만 하리요
사람도 그 진면목(眞面目)은
평시엔 누구나 다 할 수 있지만
어려울 때 어떻게 헤쳐 나가느냐가 중요하다

국민의 마음을 하나로 모으고
신바람으로 일할 수 있도록
누가 온실 안 화초이고 들꽃인지
가려내는 지혜가 필요하다.

비 온 뒤

구름 많은 날
창틀에 낀 앞산
안개 비 구름 사이
산인지 그림인지
그저 검게 윤곽뿐이다.
비 온 뒤
더러운 것 씻겨 내려가고
맑게 갠 날 창틀에 낀 앞산
와락 내 앞으로 달려와
청록(靑綠)도 선명(鮮明)한 자태를 드러내며
온몸으로 뽐내려 한다.
지금
살고 있는 한국사회
구름 낀 날 앞산인가?
비 온 뒤
맑은 날 앞산인
쏴 여름철 소낙비 내리는 날
너나 할 것 없이 더러운 놈 추잡한 녀석
비누를 칠해 놓고
홀랑 벗겨 세워 놓고 씻어버리자

여수항 음악 분수대

높고 낮고 많고 적고
웅장하고 단순하고
근엄하다 때로는 촐랑거리는
소리와 빛과 어우러진 물의 군무(群舞)
삼각(視覺 觸覺 聽覺)을 일깨우는 입체의 향연
성하(盛夏)에
듣는 즐거움과 보는 시원함
피부에 닿는 서늘할 정도의 감촉
긴 곡 끝난 후 잔잔히 흐르는 여음(餘音) 물보라에 피어나는
신이 주신 선물 일곱 빛깔 황홀한 아름다운 무지개
소리와 물이 만난 자리에 빛의 어우러짐
여수항 음악 분수대는
낮의 대향연
물오른 오케스트라

여수 오동도에서

늦가을 전망대에서
바라본 바다는
아름답다 못해 외로움을 준다.
시드니 오페라 하우스를 옮겨 놓지 않아도
세계 어느 항구도시보다
여수는 아름답다.
한려수도 물빛이 그림 같다지만
햇빛이 잔잔한 파도에
손을 반쯤 들고 서 있는
동백나무 여자는
슬프도록 아름답다.
그림 같은
산 중턱 크고 작은 집들이
바다를 하염없이 바라보며
동백나무 여자를
안아보고 싶어 한다.
한없이 바다는 그렇게 출렁이고 있다.

그림 같은 여수

어머님의 기도

내 몸에 안착할 때
받은
하느님께서 점지(點指)하신 이유가
사랑이라면
성직자 되게 하소서
가르침이라면
선생님 되게 하소서
배 속에서
유난히 발길질 잘하면
축구 선수 되게 하소서
이도 저도 아니면
선량한 이 나라 백성 되게 하소서.

흙이 주는 겸손

온통 흙
흔하지만 경쟁하지 않고 많지만 집단화하지 않는다.
지상의 모든 것을 받아들여 용광로와 같이 하나로 만든다.
생명에게 먹을 것을 생산하고 얻게 한다.
그러나 대가를 요구하지 않는다.
흙에서 나서
흙으로 돌아가는
인간에 의해 더럽혀진 흙도
시간의 무게에 따라 자정(自淨)으로
정토(淨土)로 바뀐다.
이 얼마나 아름다운 겸손인가?
한줌의 흙 그 속에 수많은 세월은
역사를 만들고 기록한다.
인간은 그 위에서
전설을 듣고 안주하며 미래를 열어간다.
우주 공간에 떠도는 저 많은 별들의 실체는 무엇일까?
지구의 흙과 같을까?

흐르는 물

비 온 뒤 앞산 산중턱
흐르는 물 좔좔 싫지 않은 물소리
나 내려가 길 비켜 하는 소리 같다.
높다 싶으면
휘둘러가고
막혔다 하면 넘쳐나고
깊은 곳은 가득 채우고
스스로 넘쳐난다.
앞서가니 따라가고 반항하면 정복한다.
항복하면 감싸 안으니 가는 길 불평 없고 불편 없다.
앉아서 보는 나
물만 같아도 좋을 뜻 싶소.

물

시냇물 졸졸 그 물 바다에 간다.
범람하는 누런 황토물 그 물도 바다에 간다.
섞여 놀다 보면 어디에서 온 놈인지 저희도 모른다.
물은 너 나 없다.
이북에서 온 놈 이남에서 온 놈 따로 없다.
전라도 경상도도 없다.
시냇물 따로
황토물 따로
서로 갈라서지 않는다.
있는 것은 물뿐이다.
물은
더러운 곳이라고 피하지 않고
깨끗한 곳이라고 찾아가지 않는다.
나쁜 놈이라고 거부하지 않고
권력 가진 놈이라고 아첨하지 않는다.
높은 자리는 마다하고
낮은 곳으로만 간다.
어제도 오늘도 내일도
세월이 흐른 먼 훗날에도

흙 2

세상에 생명 가진 모든 것 다
흙에서 나서 흙으로 돌아간다.
낙엽이 그렇고
떨어져 누운 꽃들이 그렇고
아무 곳에서나 피어나 시들어 버린 온갖 풀들이
다 그렇다.
초원에서 온갖 풀들을 먹고 사는 동물이나
먹고 먹히며 살아가는 동물이나
모두가 다 그렇다.
인간이야 말할 것도 없이
흙을 빚어 만들었으니
먹고 마시는 것 다 흙에서 얻고 성장하며
종래는 자기 몸마저 어머니 품속 같은 흙에 묻힌다.
황후장상(皇后將相)도 필부필부(匹夫匹婦)도
예외란 있을 수 없었다.
단지
예수의 승천(昇天)만이 유일무이(唯一無二)하다.
이 세상에서 얻어지는 모든 것 다
흙에서 나지 않는 것 하나도 없다.

위로

가을비 막힘없는 하늘길 따라
온 산천에 뿌리니
산길 따라
형형색색 울긋불긋 물감이 북녘에서 남녘으로
높은 곳에서 낮은 곳으로
옷을 갈아입는다.
단풍
엷 광에 반짝이며
굿판에 오색 종이처럼 살랑살랑
넋 위로하며 춤을 춘다.
오늘은
북쪽 산 능선에 누워 외로워 우는 넋 위로하고
내일쯤
남쪽 누워있는 자 걸어온 발자취 아랑곳하지 말고
산자의 허영으로 만들어진 서 있는 돌 많은 봉분 큰 무덤
돌보는 이 있으니 뒤로하고
아무도 찾지 않는
잡초 무성한 봉분마저도 없는 무덤 찾아
위로하소서.

강

기록될 수 없는 세월이
강물 따라 떠내려 와
강변의 전설을 만들고
자질구레한
숨겨진 비밀은 알 길 없지만
한순간에 느껴지는 강변의 영고성쇠(榮枯盛衰)
지나간 세월 오간 데 없고
남아 있는 이 또한 하나 없다
볼 것도 또 못 볼 것도
잘남도 못남도
모두 다 찰나(刹那)의 삶,
잃은 것은 또 얻은 것은 다 무엇이오?
잃은 것도 얻은 것도
그때 그들
다 가고 없으니
다 공(空)일 뿐
흐르는 강물 그 무심함
나 알았으니
너도 알아야지

내 마음에

하늘 아래
아름다운 산
어디 한둘이요
멀리 있는 저 산
아무리 아름다운들
여기 있는 이 산만 하리요
보고 아니 봄이 내 마음이요
오르고 아니 오름이 또한 내 마음인걸
내 마음 갈대 된들 뉘 말할 것이며
센 불에 죽 끓듯 한들 뉘 탓 받을까?
남 것 좋다
탐하지 말 것이며
내 것 하잘 것 없다
구박 마소
조금 모자라는 내 것
조이고 닦고 가꾸면
보석 되나니
정녕 소중한 것
내 안에 있음을
내 알지 못하는가 보다.

늘 푸른 대나무

늘 푸른 대나무 쑥쑥 자라는 것은
늘 푸른 대나무
하늘에까지 닿아 하소연하기 위해서다.
늘 푸른 대나무 속이 뻥 뚫려 있는 것은
자기 몸속에 하늘까지 통로를 만들기 위해서다
몸이 곧으니 마음까지 곧겠지
할 말이 많아서일까?
풀리지 않는 수수께끼가 많아서일까?
나눔을 실천하려는 의지의 표현이다.
속까지 비웠는데 못 비울 것 어디 있소
통로가 막혔는지 하늘만 쫓아 올라간다.
많고 많은 시름의 세상사
통로로도 풀리지 않으니
자꾸자꾸 커 하늘에 닿아 하소연 해보자

자연의 이치

여름
생기발랄한 푸른 잎은
땅에서
뿌리를 타고 올라오는 물과
하늘에서
쏟아지는 빛으로
쉬지 않고 노동하여
끊임없이 성장을 촉진한다.
그러다
흐린 날이면
잠간 동안 휴식하며
때로는 내리는 비를 흠뻑 맞고 노동의 피로를 푼다.
잎은
봄부터 여름 동안
끊임없는 노동으로 골병이 들어
늙어가는 인생들
얼굴에 피는 저승꽃 같이
가을이 되면
울긋불긋 형형색색으로 변한다.
단풍 아름답게 보이나

이것은 잎의 저승꽃이다.
아름답게 물들어 가면 얼마 지나지 않아 떨어진다.
낙엽이 아름다울수록
그해 여름 날씨는 변덕이 심하였다.
인간사 성공한 이치고
젊은 날 고생 않은 이 없다.
어찌 보면 인간사
자연에 한 뼘 비켜감이 없다.
이 가을 쉼 없이 낙엽 떨어진다.
누운 은행나무 노란 가로수 잎
휭 하니 바람 한번에
유언 하나 남기지 못하고 떠나는 인생 같이
바람 따라 산지사방으로 흩어진다.
오늘도 이 가을에 낙엽은 말없이 가버린다.

밖에 내리는 비는

밖에 내리는 비는 사람에 따라
시가 되고 정이 되고 혼이 되고 사랑도 되지만
하루하루 살기 힘든 사람들은
장마 가운데 가뭄이기도 합니다.
비 소리는 마음에 따라
최희준의 하숙생이
이미자의 여자의 일생
신라의 달밤이
두만강 푸른 물도 되지만
살맛을 잃은 사람은
노래마저 잃어버림을 가슴 서러워합니다.
비 추억이 되기도 하지만
한탄이 되기도 합니다.

세월 가면

시들어 말라비틀어진 밟힌 잡초 그 옆에 엉겅퀴는
가지 말라 세월 잡듯 발목 잡고
앞에 위풍당당 늘 푸른 소나무 나는 아직 멀었소.
세월 비켜선 여유 있는 모습으로
얼굴 살짝 찌르면서 아는 체한다.
무서리 나리는 어느 겨울로 가는 길목
가을의 마지막 날 낙엽은 세월의 잔재되어
화려한 고운 색깔 다 어디 보내고
흙 묻어 볼품없는 모습으로
산 길바닥에 누워
휑하니 바람 한번 몰아치니
서로 인사도 잊고 산지사방 흩어진다.
세상에 존재하는 생명 가진 모든 것
세월 가면 비켜서서 손 흔들고 따라가지 않는
그 어떤 것도 없다.
오지 말래도 아니 갈 수 없는 이치
내 아니 산에 있는 늘 푸른 소나무 너도 알아야지?
천년 노송(老松)도 억만 년 세월에 찰나(刹那)일 뿐
오늘도 서산에 해 어김없이 넘어간다.

앞산 아래 곱창 골목(안지랑이)

땅거미가 구물구물 기어 다닐 쯤 앞산 아랫동네에는
긴 줄이 된 백열등 사이사이 집들에는
뻘겋게 달은 불판 위에 빨간 속살이 노리끼리 먹음직스럽게
익어간다.
여러 명 앉은 자리에 앉으세요. 권하지 않아도
구름 따라 흐르는 달빛은 소리 없이 동석을 한다.
경계가 명확하지 않은
쭉- 늘어선 집과 집 불야성을 이루고 길 따라 왁자지껄
탁 술잔 부딪치는 소리 함께 위하여 건배소리 합창이다.
나가고 들어오고 웃고 때로는 울고 젊은 그들 풋풋하다.
객기를 부리기도 하고
냉정을 되찾기도 하며
단죄하고 심판하기도 하지만
의논하며 설계하며 주기도 하고 받기도 한다.
야경이 좋은 젊음의 거리
하루하루 힘든 세파의 묻은 때 씻어 버리고
소주 몇 잔을 꿀꺽 털어 넣고는
잘 익은 고기 몇 점을
풀리지 않은 꿈과 함께 질겅질겅 분풀이하듯 씹는다.

젊은 그들 세상을 호령한다.
대한민국을 호령한다.

앞산 곱창 골목

북두칠성

전력난으로 가로등이 꺼진 남천에서 하늘을 본다.
희미하게 보이는 북두칠성 너 얼마 만인가?
세월 끄집어내어 헤어보니 까마득히 멀다.
고개 한 번 쳐들 여유 없이 살았단 말 이제
어릴 적 고향 마당에서 올려다 본 밤하늘
우르르 많은 별들은 몰려다니다 떨어져 내릴 것 같았다.
별 하나 나 하나 별 둘 나 둘 하며 헤다보면
억울하지만 북두칠성 너는
북두칠성 셋 나 셋
두루뭉술 별이 되고 말았지
별같이 반짝이던 그 꿈도
도회(都會) 불빛 속에 잃어버린 별처럼
아쉽지만 이젠 이 하늘 아래서는
없어져 버린 꿈이 되고 말았다.

성당

신부님들은
천상양식인 성체를 맛 들게 해주시고
수녀님들은
이 세상에서 천상의 삶을 사시면서
미리 하느님 나라의 삶을 맛보게 해주십니다.
신자들은 성당에서 맛 들이며 맛보며
저 높은 곳으로부터 들려오는
하느님 말씀을 귀 열고 듣고 있습니다.
자주
이태석 신부님도 김수환 추기경님도 만나며
가끔은 멀리 인도 캘커타에서 빈민들과 함께 사셨던
마더 테레사 수녀님도 뵈옵니다.

본 만큼 행한다

내 머릿속의 그림은
보고 배우고 아는 것만큼 그린다.
하느님을 자주 뵙는 사람은
성인 그리기를 즐겨하고
부처님을 만나는 사람은
보살되기를 소원한다.
까마귀 노는 곳 백로는 가지 않는다.
보는 것 다 검은 것이기 때문이다.
교육
환경의 중요함을
맹모삼천(孟母三遷)에서 이미 우리들에게 얘기해 주었다.
아이들의 거울인 부모가
남을 위해 봉사하고
가족을 위해 희생하며 사랑으로 살 때
우리 아이들 교육은 저절로 이루어진다.
자라는 아이들
모르는 것 같아도 말은 하지 않지만
내 부모
잘 사는지 못 사는지 뻔히 안다.
자기 아이 위한다고

아이 말만 듣고 학교에 가서
폭언 폭행하는 것
아이에게 전혀 도움이 되지 않는
아주 나쁜 방법이다.
그럴 때 남을 위한 배려 한 번 더 하는 것이
백번 옳다
거울을 보고 매무새를 바룬다.

민중(民衆)의 해학(諧謔)

욕 같지 않은 욕지거리가
요즈음 중늙은이의 삶의 한 도락(道樂)인가?
시간 죽이는 일에 이골이 나도
짬
그것을 갖지 않고서는
빨리 가던 시간이 멈춘다.
말라 비틀어 죽은 귀신이 붙은 것도 아닌데
말이 비틀려 꽈배기 같기도 하다.
산전수전(山戰水戰) 세파의 때 묻음이
일목요연(一目瞭然)하다.
시장 바닥의 약장수
단골 메뉴가 간단(簡單)없는 욕지거리이다.
거기에 민중(民衆)의 해학(諧謔)이 있고
삶의 질곡(桎梏)이 숨을 쉰다.
내가 하지 않은 나의 넋두리가
너로 하여금 빛이 난다.
유명한 보신탕집은
모두가 허름하고 주인은 할머니다.
던지는 투박한 말씨
한두 마디 욕지거리가 양념이다.

욕먹는 것이 보신탕 맛이다.
이게 사람 사는 맛이고 냄새이다.
이 욕지거리는 욕 아닌 욕이며
삶의 경험이고 무게이다.
정말로 먹지 않는 욕이다.
그러나
조심하여라
마구 뱉은
씨알 없는 욕지거리는
중늙은이의 무게가
가랑비에 젖은 새 깃털 마르듯이 말라
나라가 버린다.

오라하지 않아도

오라하지 않아도
기다리지 않아도 온다.
아무리 재촉하여도
때가 되어야만 온다.
건너 뛴 적 없고
잊어버리거나 지나친 적 없다.
바쁘다며 빠뜨린 적 더더욱 없다.
아무리 변고 많은 인간사에도
편성하지 않고 어김없이 찾아온다.
가끔은
조금 더디 온 적 있지만
시원한 바람과 함께
아름다운 나뭇잎을 울긋불긋 물들이면서
산 정상에서 중턱으로 아래로
온 들판으로
공중에 많은 고추잠자리 날갯짓 앞세우며 찾아온다.

홈런

여름밤
와~ 함성(喊聲) 가득한 운동장
온 힘 다하여 한껏 두들겼다.
포물선을 그리며 쭉쭉 뻗어가는 공이
담장 넘어 운집한 관중 속으로 들어갔다.
어느 새끼 바른 이 손에 잡혔다.
와~ 또 한 번의 함성
작은 영웅(英雄)에 바치는 군중(群衆)의 노래
비죽 배죽 세월을
긴 시간 동안
풍구를 부쳐가며 달구더니
녹아 엉어진 것
마음 가득 성취감(成就感)
해돋이에서 해넘이까지
인고(忍苦)로 점철(點綴)된 지난날 보상하듯
홈런 또 홈런
젊은 날 피나는 노력은
금빛 찬란한 미래를 보장한다.

살풀이

섬섬옥수(纖纖玉手) 가느다란 고운 손
긴 두 손가락으로
하얀 치마 한 자락 끝 잡고
가벼이 물방울 휘 뿌리듯
보일 듯 아니 보일 듯 튕기니
꿀 따러가는
훨훨 나는 하얀 나비같이
하늘을 향해 비상하는
물 찬 제비같이
앞이마
감아 빗은 윤나는 쪽빛 검은 머리
뒷머리?
정절(貞節)인 양 절개(節槪)인 양
한일자(一)
다문 입술 같은,
돋보이게 꽂은 단정한 비녀
선녀(仙女)인 양 천사(天使)인 양
빙그르 돌며 기도하는
소복(素服)한 여인
품속에 넋을 아우르듯 안고 천상을 오르려나?

한(恨)이 많아 떠나지 못한
넋아, 아 넋아!
임 품속에서 천상 오르는 그 머나먼 길 가벼이 가려무나.

동해 비학산에서

여름 어느 날
푸른 넓은 바다에
초록색 산이 풍덩 빠지니
푸른 물보라가 하얀 파도가 되어
철썩철썩 바위를 때린다.
동해
떠오른 붉은 태양이 산을 마주하니
아침 일찍 산을 오른
산 사나이 하산 길을 여불떼기에서 비춘다.
살아온 세월만큼이나 곡절 많은
길고 긴 그림자를 만들어
이리저리 내려오는 산길에 드리워진다.
하나둘은 보였다 아니 보였다 하며
굽이굽이 산 능선을 돌아 나오며
알다가도 모를 인생 같이 숨바꼭질한다.

지가 뭐 목사라고

이래저래 상처 많은 날들에 태어나
아무것도 하지 못하고
앉아서 신문에 난 기사를 읽고 울분을 털어야 하는 나

동강난 민족의 허리 삼팔선에서 지가 뭐 목사라나?
목사는 아무나 하나
목사 아닌 목사가 하느님 모독하는 빨갱이 짓을
앉아서 구경만 하는 이 나라 사랑하는 걱정 많은 민초(民草)
보탬이 되지 않은 걱정이 무슨 자랑인가?
정말 하느님 말씀 전하려면
종교가 없는 이북에서 일깨워주고 변화시켜
종교를 있게 하도록 할 것이지
내려오기는 왜 내려와?
거짓부렁이
그러니 목사란 빨갱이를 전달하기 위한 방편이며 구실이다.

차이

많은 것을 가진
많이 배워
많이 아는 사람들의 대화는 언제나 분명하지 않다.
긴 것 같기도 하고 아닌 것 같기도 하다.
속된 말로 네 좋을 대로 해석해라
책임 또한 네 몫이다.
뭐라카면
내 언제 켄노? 하면 끝이다.
잃을 것 없는 마음이 가난한 사람들의 대화는
언제나 단순하고 분명하다.
왜냐고요?
잃을 것이 없으니까?
아니지요. 그러다 보니 잃어버린 것이지요.
농민들 도시 소시민들
대화 한 번 해봐요. 정말이라니까
많이 안다는 것은
손해나는 짓 손해 보는 짓 하지 않는다는 얘기와 일맥상통하죠.

수필

거들먹거리다 제대했습니다

국민의 4대 의무는 국방 납세 교육 노동이며 국방과 납세는 의무이며 교육과 노동은 의무이자 권리이기도 합니다. 이 4가지 중에도 분단국가인 한국에서는 국방의 의무는 젊은 남자라면 피할 수 없는 태어나면서 얻어지는 운명적인 신성한 의무라 배웠습니다.

어쩌면 군에 가지 않으면 남자로서 구실을 할 수 없는 무엇인가 모자라고 부족한 사람이라 느낌이 마땅한 것(옳고 바른 생각이며 군 복무는 당연한 일이다.) 임에도 불구하고 사회 저변에 흐르는 기류는 그렇지 못하고 도리어 무엇인가 자랑이며 거창한 것을 가지고 있는 집안이다. 라는 생각이 들며 많은 사람들이 선망의 시선을 가졌다 해도 과언이 아닐 정도로 사회가 비정상적으로 흘러 왔습니다.

6 · 25 한국동란 전후에 시대상도 동장 아들만 되어도 군에 가지 않는 방법을 알고 있었으며 부정한 부조리한 사회 병리현상이 만연하였습니다만 사직당국에서 색출 엄벌하여야 함에도 세월이었습니다.

정말 바른 사회라면 고발정신이 투철해야 함에도 여기 저기 구멍이 숭숭 뚫려 있었으며 으레 그러려니 하며 알고도 모르는 척 보고도 못 본 척 지내왔고, 이웃이라도 아는 즉시

보는 즉시 신고하여 부정과 비리를 송두리째 뽑아야 하는데도 정이 무언인지 그 정 때문에 '내가 우애 그렇게 하노' 하면서 모르는 척 덮어주기 일쑤였습니다.

그러다 보니 최일선에서 인민군과 맞닥뜨려 총부리를 겨누며 싸우는 많은 젊은이들은 농촌 출신이며 배운 것 없는 이들이었습니다. 핫바지 부대란 조롱 섞인 비아냥거림이 유행한 것도 이를 두고 한때 시대상을 나타낸 것이 아닌가 생각됩니다.

80년대를 지나면서 많은 부문에서 바뀌지고 개선되었으며 정화의 칼끝이 병역비리를 겨누고 있었음에도 심심찮게 터져 나오는 비리는 신문 지상을 더럽히는 단골 메뉴였습니다. 돈만 있으며 앉은자리에서 제대증도 받을 수 있다는 풍자는 만연한 병역 비리를 단적으로 표현했다 해야 할 것입니다.

권력을 가진 돈을 가진 이런저런 연줄을 가진 이들 중 일부는 군에 아들을 보내지 않았습니다. 더욱 의사까지 동원하여 멀쩡한 아들을 교묘히 병신으로 만들어 군에 가지 않게 했습니다. 핫바지 부대의 잔영을 떨쳐버릴 수가 없었습니다.

이러한 일부 권력을 가진 자 돈을 가진 자들의 비리 속에서도 간혹 그렇지 않은 명문가도 있었음은 위안이 되었다고 말씀드리고 싶습니다.

작은할아버지가 법무부장관이며 할아버지가 국회의원인 돈도 참 많은 어느 명문가(?) 손자가 입대하여 3년 근무를 마치고 향토사단에서(당시 전역을 앞두고 일주일 정도 영농교육 프로그램을 마치고 사회 복귀시키는 제도) 한 내무반에서 일주일을 함께 근무했습니다. 가진 것이 많고 적고, 권력을 가졌고 아니 가졌고, 그것이 문제가 아니고 사람이 문제인 것을 알았습니다.

어느 곳에도 어느 것도 썩은 곳 썩은 것은 있기 마련이며 모두를 도매금으로 매도하는 것은 옳지 않다는 것을 웅변으로 말해주었다 해야 할 것입니다. 많은 돈 큰 권력은 악이며 가난은 선이다. 가진 자는 악이고 없는 자는 선이다.

이분법적 사고는 바꿔야 하며 돈도 많고 권력을 가졌으면서도 자기 발로 군 복무를 다 마치고 마지막 향토사단 훈련을 마다 않는 보통의 남자로 변한 청년을 보았던 것입니다. 세상이 다 썩은 것만은 아니리는 것을 똑똑히 보여주었다 해야 할 것입니다.

일부 몰지각한 사람들은 돈이나 권력으로 자식을 군에 보내지 않는 것을 자식 사랑으로 생각할지 몰라도 정말 자식을 사랑한다면 채찍을 들고서라도 군에 가도록 해야 한다. 왜냐하면 그러한 자식이 후에 더 큰 역사적 인물로 거듭날 수 있기 때문입니다.

쌀이 어떻게 자라고 생산되어 입으로 들어가는지 모르고 쌀 나무는 어떻게 생겼어? 하면서 들판에 한 번 나가보지도 않고 벼 한 포기를 심어보지 않고서는 아무것도 할 수 없을 것입니다.

온실 안 화초(花草)로 자라서는 어려움에 처하면 즉 풍찬노숙(風餐露宿)을 해야 할 사정이 생기면 죽고 말 것입니다.

온실 속 화초보다 풍찬노숙 설한풍 속에서 피어나는 꽃의 향기는 짙으며 멀리 더 멀리 퍼져나가는 것은 당연한 이치입니다.

이 나라에서 더 많은 혜택을 받았다면 남들보다 더 적극적으로 능동적으로 모든 것에서부터 모든 것으로까지 마음과 몸을 바쳐야 하지 않을까요? 혜택을 받았다면 당연히 이에 상응하는 갚음은 인간이면은 당연히 가져야 할 덕목으로 여겨집니다.

그 초보적인 실천이 자기 자식이 사내아이라면 건강하게 키워 신성한 국방의 의무를 다해야 할 것입니다.

권력으로 돈으로 아들을 병신 만들어 군을 기피하면 한 2년 이로울지 몰라도 일상생활 속에서 피어나는 양심의 소리는 살아가는 동안 늘 죄인 같이 아니 떳떳하지 못한 마음이 저 밑바닥에 웅크리고 있어 불편한 삶을 살아야 할 것입니다.

이러한 삶은 나뭇가지에 쇠줄을 묶어놓으면 세월 흘러 묶인 곳이 홈이 생기고 잘록해집니다. 그러면 미풍에도 가지는 꺾이고 맙니다.

병역기피는 이러한 이치와 같습니다.

어느 무엇에 걸려 넘어질 줄 모르기 때문입니다. 요즘 청문회 나오시는 많은 고위 공직 내정자(內定者)를 보면서 많은 사람이 자기는 물론 자기 자식이 이런저런 사유로 군에 가지 않는 사실을 봅니다.

한 치 부끄러움 없는 면제자도 있을 것입니다만 어떻든 군에 갈 수 없을 정도로 건강하지 못하다면 면죄부는 될지언정 자랑은 될 수 없을 것이며 마음 한편에는 얼마나 사람이 없으면 이러한 사람을 내정할까? 끼리끼리 병폐에 의심의 눈초리를 띄우기도 합니다.

60년대 말 그 혼란기에 친구 한 사람은 은행에 근무했습니다.

병역관계로 신체검사를 받았습니다. 갑종 합격은 아니라도 입영 통지를 받게 되었습니다. 이 친구는 아주 기쁜 마음으로 은행에 알렸습니다.

송별식에서는 '사나이로 태어나서 할 일도 많다만♩♪' 군가를 함께 부르며 눈물을 흘리면 이별의 아픔을 가지기도 했습니다.

그리고 얼마간의 전별금을 받아 쥐고 논산훈련소에 입소했습니다. 논산 현지에서 재신체검사 결과 입대 부적격자로 귀가조치 판정을 받게 됩니다. 정말 황당했습니다.

자기가 자기를 볼 때는 군에 입대하지 못할 이유가 전혀 없는데도 말입니다. 건강한 육체와 건전한 정신을 가진 보통의 대한민국 남자이면 다 가야 하는 군을 말입니다. 이 친구는 특별하다면 아주 특별한 사람입니다. 왜냐하면 그 당시는 일할 곳도 그리 많지 않았는데 더욱 모두의 선망의 대상이었던 은행 직원이었습니다.

그는 슬며시 자존심이 상하는 것입니다. 남자로 태어나서 군에도 가지 못하는 남자 이렇게 내가 약골인가? 부족한가? 모자라는가? 화가 났습니다. 곰곰이 생각했습니다.

이렇게 귀향하면 다시는 군에 가지 않을 수 있겠다는 생각도 들면서 은행에 계속 일하면 돈도 벌 수 있고 사회적으로 앞서가는 삶을 살 수 있겠다는 생각도 없지 않았으나 그보다도 신성한 병역의무도 할 수 없는 남자, 남자 같지 않은 남자라는 생각이 그를 더 오그라들게 했습니다.

이건 아니지 왜 내가 군에도 갈 수 없는 남자인가?

생각을 고쳐먹고 신검에 입회한 현역 한 분을 뵈옵고 상의를 드렸습니다. 자초지종을 얘기하며 자신은 기어코 입대하여 국방의 의무를 다하겠다며 전별금으로 가져간 돈을 드리며 '이 돈이 보탬이 되었으면 좋겠습니다' 하고 드렸습니다.

물론 다시 재판정 결과 입영이 결정되었습니다.

친구는 3년을 성실하게 군대생활을 마치고 사회에 복귀하여 훌륭한 은행원으로 봉직하다 정년퇴임을 하고 지금은 한 평범한 사회인으로 밭을 일구며 삶을 즐겨 보내고 있습니다.

"어이 친구! 자네 정말 별난 사람이야"

"그렇게도 군에 가고 싶었나?"

농담 섞인 내 말에 이 친구 정색을 하며

"여보게! 이런저런 사유로 내 안 가고 네 안 가면 누가 나라 지키겠나?"

남자다운 뼈 있는 한마디 말이 나의 속마음(가지 않을 수 있다면 좋은 것을)까지를 들여다보며 부끄럽게 만드는 것입니다.

물론 저 자신도 30개월 근무한 것은 물론이며 병장 아닌 제대 무렵에는 일반하사 계급장을 달고 거들먹거리다 제대했습니다. 자랑 아닌 자랑 한번 해봅니다.

6 · 25 동란(動亂) 중에

아버님 어머님 전 상서

불효를 용서하십시오.

차마 말씀드리지 못하고 떠납니다. 나라가 어려운 이때 저 같은 청년이 어떻게 군에 가지 않을 수 있겠습니까?

싸워 이기고 돌아오겠습니다. 그때까지 안녕히 계십시오.

1950년. 7월. 6일. 문식 올림

(위의 편지는 달랑 편지 한 장을 부모님께 띄우고 6 · 25가 발발하자 군에 입대한 사촌 형님께서 보낸 편지를 다시 써보았습니다. 어른들께서 다 돌아가시고 너무 많은 시간이 흐른 후라 편지가 남아 있지 않아 내가 형 같으면 하고 나름대로 쓴 것임을 밝혀 둡니다.)

옛날이라기보다는 가까웠던 지난날 내 어릴 때(8살 전후) 일어난 일들에 대해 말씀드리려 합니다.

대소가 모두에게 희망이었고 또 아픔이었던 큰 집 큰 형님에 대한 얘기입니다. 6 · 25 한국동란 중에 자원입대하여 싸움터에서 돌아가신 4촌 형님의 굵고 짧은 삶에 대해 말씀드리려 합니다. 세월이 흘러 지금에야 얘기하는 것은 위로 다른 형님들이 계시므로 형 중 누군가가 하시지 않을까? 생각 때문이었습니다만 세월 흘러 지금에서도 하실 분이 없어 보이고 더 세월이 흐르면 저도 할 수 없을 것 같아 늦었지만 지금에야 마음을 낸 것입니다. 이제야 말씀을 드리는 것이 어쩌면 돌아가신 그분에 대한 기막힌 무례이고 잘못이며 적어도 살아있는 우리 형제들의 무책임이며 무능(저 혼자 생각일지 모릅니다)이라 여겨집니다만 당사자인 형은 저가 듣고 알고 있는 것에 비춰 보면 생각이나 인품이나 행동거지(行動擧止)로 보아 어쩌면 지금과 같이 아무 일 없듯 버려두는 것을 더 좋아할 것 같다는 생각마저 듭니다. 자신에 대한 그 어떤 자랑이나 칭찬도 드러내어 남들에게 알리는 것을 원하지 않을 것이니 말입니다.

설혹 형님의 생각이 그렇다 하더라도 다른 한편으로 생각하면 죄지은 자가 죄의 사함(謝函)을 받는 심정으로 형에 대한 얘기를 해야 한다고 생각합니다.

왜냐하면 형이 원하지 않는다 해도 얘기를 해야 하는 것은 한 가문의 조그마한 가족의 역사(歷史)일 수 있고 또 가족사(事)일 수도 있지만 국민이 국가가 어려움에 처해 있을 때 무엇을 할 것인가? 어떻게 할 것인가? 말이 아니라 몸으로 행동으로 보여준 것이며 자라나는 세대에 대하여 귀감이 되고 본보기가 될 것으로 믿기 때문입니다. 더더욱 요즘같이 물질이 풍부해지고 자식에 대한 애정이 너무 지나친 나머지 주위를 돌아보며 남들과 함께 어우러져 살아가는 이치라든가 아니면 남을 배려하고 걱정하며 나라를 사랑하는 마음이나 민족이나 겨레를 위한 참모습을 배울 수 있는 기회조차 없습니다. 요즘 부모님들은 오직 아이들에게 아무것도 하지 않아도 좋으니 공부를 열심히 하여 좋은 고등학교에 가서 좋은 대학으로 진학하여 졸업 후 좋은 곳에 취직하여 흰 칼라에 빨강 넥타이를 매고 의자에 앉아 고생 없이 사는 것이 지상 최대의 목표라 가르치지는 않았지만 배우게 되는 요즘 아이들, 그러다 보니 자기만을 위하고 남과의 관계는 도무지 알지 못하는 아이들로 만들어 버렸다. 남을 배려하고 이웃을 사랑하는 더불어 살아가는 가치 있는 삶은 들어보지도 배우지도 않았으니 알 턱이 없는 것은 당연합니다.

그러기에 옛날에는 어쩌다 한두 번에 그쳤던 폭력이 요즈음에는 왕따니 집단 따돌림이니 하는 몇 년을 괴롭혀도 반성할 줄 모르는 학교폭력이 어쩌면 당연시되는 사회에 살고 있습니다. 힘이 없고 집이 가난한 아이들은 학교 가기가 두렵고 겁이 나는 사회로 바꿔버린 것은 아이들 책임이 아니라 오직 공부만 잘하면 되는 것으로 가르친 우리들 부모들의 잘못이라 해야 할 것입니다. 의협심을 기르고 불의를 보면 먼저 나서서 고치려 들기보다 병풍 뒤에 숨어 남의 눈치나 보며 쉽게 편승해 살아가려는 요즘 세태는 사회 전체가 올바로 가기에는 너무나 많은 장애가 있는 것은 아닌지 생각이 가는 것입니다.

그러니 형님 같은 무명용사들의 죽음이 꺼져가는 이 조국에 방패가 되어 공산군의 침략을 막고 지금 우리가 살고 있는 이만한 나라를 건설하였는데 밑거름이 되었기 때문이기도 하지만 가진 집 아이로 자라면서 보여준 아이 적 여러 가지 일들이며 청소년으로 성장하여 학교생활에서 보여준 학우들과의 어우러진 모습이라든지 좁고 넓은 대소가 친인척 관계에서 보여준 일상의 일들이 너무 어른스럽고 청소년이라기에는 너무 배려심이 넓고 깊은 심성을 지녔습니다. 토막토막 전해주는 한 살 위의 4촌 누나의 증언에 의하면 형님의 전설 같은 삶의 행적(行蹟)은 어느 전쟁 영화 속 주인공의 싸움 이전의 삶의 한 장면이 싸움터에서도 한층 승화하여 이 산 중턱에서 저 산 계곡으로 연전연승의 이어지는 가교역할을 하지 않았을까 생각합니다.(전우의 증언에 의하며 싸움에서도 항시 제일 앞장을 섰다 합니다.)

그때 그 시절에는 한 면에도 몇몇 가구를 제외하고는 모두가 가난하였고 모든 것이 부족하여 필요한 것들이 너무나 많던 시절이었습니다. 그러니 아이들은 늘 배가 고팠으며 키웠다기보다는 그의 모든 아이들은 스스로 자랐다 해야 옳을 것입니다. 형의 집 그러니까 저의 큰집은 한 면에서 아니 한 군에서 둘째가라면 서러워할 정도의 큰 부자였습니다.

보기 드문 큰 기와집이며 많은 논과 큰 과수원 정미소가 부의 상징이던 시절이었습니다. 그러한 가정환경에도 불구하고 겸손하였으며 형의 집은 부자였으나 형은 언제나 가난했습니다. 입은 것이며 신고 있는 것 벗어주기가 일쑤였고 먹는 것도 나눠 먹었으니 집에서만은 부잣집 자식이었습니다. 밖에 나가서는 언제나 다른 사람들 보기에는 저 아이가 큰 부자인 면장 아들인가 할 정도로 어느 아이들 많은 가난한 집 자식이나 별반 다름이 없었습니다.

그런 생활 중에 1950년 6월 25일 한국동란이 일어났습니다. 편지 한 장을 부모님께 띄우고는 전선으로 달려갔습니다. 어디에서 훈련을 어떤 훈련을 받았는지 어느 부대에 배치를 받았으며 계급은 무엇인지도 전투에는 몇 번을 참가하셨고 얼마 마한 무공이 있었는지 알지 못합니다. 그리고 어느 전투에서 어떤 모습으로 싸우시다 이 하늘 아래 어느 곳에서 돌아가셨는지 큰아버지도 큰어머니도 대소가 어느 누구도 알지 못합니다. 혹 아시는 이가 있다면 군에 같이 근무하면서 여러 전투에 참전한 전우들은 있었을 것으로 생각됩니다만 세월이 흘러 그분들도 어쩌면 지금은 다 이 세상 사람이 아닐 확률이 더 많은 시간의 흐름입니다.

형은 1950년 6월 25일 한국전쟁이 발발할 당시에는 5년제 K 중학교 다녔습니다만 중학교 고등학교 분리되는 학제 개편 시기였습니다. 5학년인지 아니면 6학년 재학 중이었는지는 불분명합니다만 그때 형의 나이는 만으로 18세 우리 나이로 19세이었습니다. 그때 큰아버지 그러니까 형의 아버지는 G 면에 면장으로 봉직하고 계셨고 많은 농토와 큰 과수원을 가지고 있는 큰 부자였습니다. 당시 사회상으로는 동장 아들만 되어도 군에 가지 않는 방법(신체결함이나 다른 결격사유를 만들어)을 알고 있었으며 실제로 그런 사실들이 많이 있었습니다. 당시에는 혼란기였고 개인의 잘잘못에 대해 단죄하고 법이 엄정히 집행되어야 함에도 여러 곳에 구멍이 숭숭 뚫어져 있었습니다. 어쩌면 그때 살았던 많은 사람들은 그러한 군(軍) 기피를 거부감 없이 받아들였으며 어쩌면 그렇지 않은 사람이 바보 취급을 당하던 시기였으며 사회 정의가 성숙 정착되지 못하여 사회 병폐가 혼란기를 더욱 부채질했던 시기였음을 말씀드립니다. 연세가 원만한 지금 살고 있는 사람들은 당시 시대상을 기억하고 있을 것입니다. 큰 부자에다 면장으로 지방 유지인 그의 부친께서는 자기 자식이 어느 날 달랑 편지 한 장 남겨 놓고 자원입대하여 싸움터로 달려가리라고는 상상도 할 수 없었을 것입니다. 군에 입대한다고 하면 아버지께서 당연히 맏이이며 집안의 기둥이며 대를 이을 장자이기 때문에 아마 반대했을 거라는 것을 너무나 잘 알고 있었기 때문일 것입니다. 더구나 그때 장가를 들어 처자를 거느린 몸이기 때문에 더더욱 반대했을 것을 알았기 때문입니다.

달랑 편지 한 장 띄우고 입대한 후 큰아버지께서는 어쩌면 미리부터 내 아들은 국가가 어려운 시기에 다다르면 국가를 위해서 어떠한 자기희생도 마다 않을 사명감을 가진 청년으로 판단했을 것으로 여겨지는 말씀을 여기저기에서 볼 수 있었습니다.

그중 한 가지를 말씀드리면 큰아버지 회갑 때였습니다. 대소가 여러 어른들과 함께 어울려 몇 잔술이 돌아가고 나서 하신 말씀이 그 아이는 그렇게 될 수밖에 없는 아이였어. 아마 그 길이 그 아이의 팔자가 아닐까 생각이 든다. 하시며 이 세상을 살기에는 그릇이 너무 큰 아이였어. 군에 가지 않아도 어쩌면 다른 더 큰일로 내 마음을 아프게 할 자식이었어 하시면서 몇 방울 눈물을 흘리시는 모습을 본 많은 분들을 숙연하게 했던 것입니다. 그는 평소 학교생활이나 사회생활 어느 곳에서도 남을 위한 배려가 몸에 배어 있었으며 있는 집 자식으로 누릴 수 있는 그 어떤 것도 마다 할 정도로 생각이 깊은 지도자적 기질을 아니 성직자적 성품을 타고났다 해야 할 것입니다. 형은 학교에서도 가난한 친구가 공납금을 내지 못하여 학교를 자퇴해야 할 때 대신 공납금을 내주었으며 신발 떨어진 친구에게 서슴없이 새 신발을 사서는 자기는 신지도 않고 주었으며 도시락을 가지고 오지 않는 친구에게 자기 도시락을 주고 자기는 벌컥 벌컥 물로 배를 채우고 집에 와서야 끼니를 때우기도 했습니다.

그의 선행은 일시적이고 즉흥적인 것이 아니라 연속적이며 꾸준하여 큰아버지가 그의 그런 일들을 뒷받침하기 위해 별도 주머니를 마련해야 할 정도이었습니다.

형은 운동을 좋아하였으며 집에서는 아침저녁 역기나 다른 운동기구로 몸을 만들었으며 형의 지론은 우선 몸이 건강해야 정신도 건강해진다는 것입니다. 어느 날인가 동생이 운동을 하던 역기를 타넘고 가는 것을 보고 어떻게 자기 몸을 위해 사용하는 물건을 타넘을 수 있느냐며 정신이 되어 있지 않다며 호되게 꾸짖는 모습은 조그마한 것이라도 귀히 여길 줄 알고 하찮은 것이라도 존중할 줄 아는 사람이 되어야 한다는 것을 가르쳐 주었습니다. 형은 무척 힘도 세었다고 합니다. 무거운 다담이 돌을 한 손으로 번쩍 들어 올렸다 내렸다 반복하기를 수없이 하는 장사였다 합니다.

아버지는 연로하였으며 위로 누님 다섯 분이 부친의 연세를 말해 주고 있습니다. 옛날 사람들은 대를 잇기 위하여 아들을 낳는 것이 조상에 대한 최대의 의무이며 그 아들이 장가를 가서 또 아들로 하여금 손자를 보게 하는 것이 조상에게서 받은 숙제를 다 하는 것이었습니다. 그러니 돈은 있겠다. 또 감도 있겠다. 아무 문제도 없다 생각하고 지금 보면 18살 아들들은 철이 나지 않은 철부지이기도 하고 철부지로 보입니다만 당시에는 18세 정도가 되면 아버지들이 자기 자식들은 보기에는 다 철이 들었다고 믿고 있었으며 더욱 형님을 보는 큰아버지의 눈에는 아들이 장가를 가서 자기 식구를 건사하기에는 조금도 손색이 없을 것으로 판단하고 덜렁 장가를 들게 한 것입니다. 아들은 어느 안전이라고 가타부타 얘기할 수 있었겠습니까? 남편은 자원입대하여 전선으로 달려갔으며 남편이 없는 시집에서 이별한 지 홀로 13여 년을 시집에서 수절하며 살다 개가(改嫁)한 형수는 아마 그때까지도 처녀의 몸이 아니었을까 의문을 가집니다. 아버지 영이 무서워 장가는 갔습니다만 함께 하기에는 너무나도 거리가 먼 당신 이렇게 표현하면 십 수여 년 홀로 사시다 다른 집으로 개가하신 형수에 대한 예의가 아니다 생각합니다만 다른 어떤 말로도 그 당시의 일들을 설명드릴 수가 없기 때문입니다.

지금 현재 젊은 사람들 눈으로 보면 어떻게 장가를 그렇게 갈 수 있을까 상상이 가지 않겠습니다만 60여 년 전 그때 시대상이나 가부장적 환경에서는 어쩔 수 없는 선택의 여지가 없는 아버지의 엄격하신 명이었으며 자식은 무조건 받들어야 하는 지상 최대의 의무이기도 했습니다.

사나이는 입이 무거워야 한다. 아버지의 그 훈육에다 천성이 어질게 태어나 가벼이 무엇을 얘기할 형이 아니었으므로 알 수 없었습니다만 어쩌면 마음을 두고 있는 즉 사랑하는 사람이 따로 있을 수 있는 나이가 아닐까 생각합니다만 본인 입으로 들은 것이 아니므로 알 수 없는 일입니다만 그럴 수 있다는 생각을 가져봅니다. 당시는 해방 후 혼란기이었습니다. 많은 지식인들이 좌우로 갈라져 싸우던 시기였습니다. 더욱 형은 공산주의자들에 대해서는 나름대로 가치관을 가지고 있었습니다. 그 당시 먹물을 먹은 사람들이 빠지기 쉬웠던 공산주의 이론에 대한 매력에도 불구하고 그 허구성을 지금 우리가 느끼는 것보다 엄청 많은 것을 알고 있었던 것 같았습니다. 또 함께 의논하고 자주 마음 주고 나누던 하나뿐인 한 살 위의 사촌 누나가 시집가서 얼마 지나지 않은 시기에 면사무소 서기로 근무하며 청년 훈련부장으로 함께 의기투합했던 매형이 공비의 총에 맞아 전사하여 그 누님이 청상

(靑孀)의 몸으로 친정집에서 어린 동생들과 함께 사는 모습이 그로 하여금 더 크게 공산주의에 대해 혐오감(嫌惡感)을 키웠으리라 쉽게 판단할 수 있었습니다. 자주 누님을 찾아 위로하며 우스갯소리로 무거운 다듬잇돌을 번쩍 들어 올리며 누나 두고 봐라 빨갱이 놈들을 이 한 손으로 하시면서 왼쪽 팔을 휘두르는 것입니다. 어쩌면 이런 여러 가지 가슴 아픈 일들로 인하여 응징의 한 모습으로 국가를 위한 충성의 또 다른 각오가 상승 작용을 하여 군에 입대를 하지 않았을까? 굳이 입대의 동기를 찾는다면 이렇게 말씀드릴 수 있습니다만 그보다는 나라 사랑하는 깊은 마음이 그로 하여금 자원입대토록 하였다. 하는 것이 옳은 것입니다. 그가 군에 입대하고 난 후 어느 시기까지(큰아버지가 살아 계시는 동안)에 무척 많은 사람들이 형의 소식을 가지고 와서(어디에 근무한다. 어디에서 보았다.) 큰아버지를 뵈옵고 노잣돈을 받아 갔습니다만 그들이 가고 난 후 시간이 가고 세월이 흘러도 그들이 말한 내용에 대해서는 어느 하나를 빼고는 진실은 없었습니다. 어쩌면 장가를 가서 아내 된 사람에 대한 의무감이 밖으로 내몰았을 가능성도 없지 않았으나 또한 추측일 뿐 진실을 찾기에는 어느 누구도 형을 만날 수 있는 기회가 없었습니다. 다만 어느 군인 한 분이 찾아와서 큰아버지를 뵈옵는 자리에 큰아버지의 가슴을 후벼 파는 아픈 말을 하는 것을 귀동냥해서 듣고 알고 있었습니다.

언제나 전투에는 앞장을 선다 합니다. 계급을 올려 주어도 싫다 했다 합니다. 싸움에는 계급이 무슨 소용이 있나 하시면서 싸우는 것은 계급이 아니라 몸과 정신이 싸운다고 말했다 하는 것이었습니다.

그러니 큰아버지는 어떻게 자기 자식이 살아 돌아올 수 있을까? 크게 상심하시며 그 후 불면의 밤을 보내기 일쑤이었습니다. 인간에게는 아무리 큰일도 50년의 세월이 흐르고 나면 잊어지거나 없어집니다. 왜냐하면 10살 전후로 일어난 일은 깊이가 마음에 닿지 않아 그렇게 큰 아픔으로 자리하기 어렵고 자리한다 해도 세월이란 약이 얕아지기도 하고 엷어지기도 하며 그 후는 너무 많은 세월이 흘러 잊기도 하고 또 죽음이라는 것이 강제로 삶의 거처를 옮겨 줌으로 이승의 걱정의 끈을 놓게 만들기 때문입니다.

60여 년의 세월이 흐른 지금 그렇게 가슴 아파하던 사람들은 다 저승으로 거처를 옮기시어 우리가 알지 못하는 일 뿐이지만 아마 하늘나라에서는 재회의 잔치가 여러 번 있었을 것으로 여겨집니다.

저승의 일들은 없는 것이 아니라 인간의 머리로는 알 수 없기 때문에 없어 보일 뿐 우리들이 다시 거처를 옮기면 그때 가서야 아! 이것 이로 군 하면서 무릎을 딱 칠 것입니다.

큰 집 우리 집 그리고 작은 집 이렇게 멀지 않은 곳에서 이웃하고 살았습니다.

그러니 시시콜콜한 이야기도 하나 여과 없이 앞뒷집으로 큰집으로 옮겨 가기 일쑤이었습니다.

아버지는 삼 형제 중 중간이었고 밑으로 딸 즉 고모가 두 분 계셨습니다. 작은 집과 우리 집은 도랑 하나를 두고 앞뒷집에 큰 집은 원래는 한마을에 사셨습니다. 한국동란 전후 좌우익 싸움 때 불타 새로 집을 지어 철길 건너 조금 떨어진 곳으로 이사를 가셨지만 그리 멀지 않은 곳에 사셨습니다. 큰아버지에 큰아들 즉 나의 사촌 형은 사촌들 중에 남자로서는 제일 맏이였습니다. 아들이건 딸이건 저는 맏이는 태어나는 것이 아니고 만들어지는 것이라고 말씀드리고 싶은 것은 이 형을 보아서도 알 수 있는 일입니다.

한 사람의 살아온 세월을 기록한 것이 자선전이라면 이 형의 자서전은 아마 짧고도 아주 굵은 삶을 살았다 이렇게 말씀드리려 합니다.

형을 생각하면서 형의 심정이 혹 이러한 마음은 아니었을까 생각해 봅니다.

남이 장군이 북정가(北征歌)에서 노래했던

"男兒 二十 未 平國 이면 後世誰稱大丈夫라"

남아 이십 미 평국 이면 후세수칭대장부 라

즉 남아 스무 살에 나라를 평정하지 못하면 후세에 그 누가 대장부라 이를 것인가 라는 이 시를 연상해 보면서 형의 삶을 반추(反芻)해 봅니다.

화물차량을 개조하여 객차를 만들어 타고 다녔던 시절이었습니다. 멀지 않은 친척 한 분이 대구를 갔다 오시다 화물차 같은 객차 안에서 형을 만났다고 했습니다. 군복을 입은 아저씨는 못 본 체 외면하는 것을 따라가면서 너 누구(문식) 아닌가 하니 고개를 돌려 외면하고 다음 역에서 내렸다고 합니다.

어느 누구의 노랫말같이 왜 그랬을까? 왜 그랬을까? 되뇌어봅니다만 지금까지도 의문은 남습니다. 지금에 와서 형의 신분이 무엇인지 정식 군인이었는지 아니면 학도병이었는지 그것은 그리 중요하지 않습니다. 형님의 정신은 어떠하였으며 싸움터에서 활약 또한 어떠하였는지? 전장에서 들려오는 단편만으로는 형의 무공을 알기도 쉽지 않습니다. 어느 날 큰아버지가 살아 계실 때 찾아오시어 들려주신 그 군인의 말씀을 한 번 더 옮겨봅니다. 전투에서는 언제나 앞장을 서고 계급을 올려 주어도 싫다며

"계급이 싸움을 하는 것이 아니고 몸과 정신이 싸움을 한다." 하신 그 말씀을 되뇌며 무공은 이 말씀으로 대신합니다. 형의 얘기를 쓰기에는 너무 자료가 부족하고 빈약합니다.

짧은 삶 속에서 단편으로 이어지는 그의 여러 가지는 말과 행동 모두는 "다 올곧은 정신"이 하나로 이어집니다. 세월 흘러 그때 가슴 아파했던 많은 사람들은 지금은 모두 다 하늘나라로 떠나시고 어렴풋이 알고 지나던 사람들만이 이 세상에 남아서 이렇게 기억나지 않은 사실들을 끄집어내어 기록으로 남기려 합니다. 빈약한 자료에 가슴 아플 따름입니다.

많은 청년들이 나라 사랑하는 마음으로 전선으로 달려갔습니다. 내 목숨 초개같이 버려 폭풍 앞에 등잔불 같은 이 조국을 구할 수만 있다면 하고 싸웠을 다른 많은 무명용사들을

기억합니다. 그리고 기도합니다. 그리고 감사드립니다. 당신들의 올곧은 그 정신이야말로 오늘을 살아가는 모든 젊은이들이 배워야 할 일들임을 말씀드립니다.

이 조국에 형님이 바치신 그 목숨 그 정신이 내게는 아주 큰 거울이 되어 내 방 앞 벽에 걸려 있어 아침저녁으로 보고 또 보며 자신을 뒤돌아보게 한다고 말씀드리려 합니다. 부족합니다. 빈약합니다. 그리고 용서하소서.

형님 하늘나라에서 내내 평안하소서.

주) 부언합니다.

근래 와서 친구들과 용산 전쟁기념관을 방문한 적 있습니다. 에멜무지로 기념관 내에 컴퓨터에 저장되어있는 병사들의 기록 키를 눌렀습니다.

기록내용입니다.

이름 : 권문식(權文植) 계급 : 일병 소속 : 제11사단 20연대

군번 : 032695 출생지 : 경북 영천 금호

전사일자 : 1951. 2. 3

전투구분 : 6. 25 전사 장소 : 20연대

명비위치 : 073-ㅂ-012

우리들 어릴 때

여름 조금 내리는 비에도 삼호로 가는 낮은 다리는 물에 잠겨 건널 수 없었습니다. 어떤 때는 방과 후 갑자기 내리는 비로 인하여 다리가 흙탕물 속에 잠겨버리면 큰물을 구경하는 많은 인파들 속에 섞여 강 건너 아이들은 발을 동동 구르며 둑에서 비가 그치기를 기다리다 구름 가득한 서쪽 하늘이 붉게 물들어 가면 오늘은 집에 갈 수 없으니 잠잘 곳까지 걱정해야 하는 딱한 신세에 학생들의 여린 마음을 조마조마하게 했습니다.

여름에는 군용 천막 속에서 떨어지는 낙수 물소리를 들어가며 맨땅이나 나지막한 의자에 엉덩이를 붙이고 하는 수업은 공부한다기보다는 찜통에서 지금 말로는 사우나를 한다고 해야 할 것 같이 땀으로 범벅이 되기도 했습니다. 무엇이나 다 부족했던 모자랐던 시절이었습니다. 먹을 것은 언제나 부족하고 입을 것은 늘 모자랐습니다만 그러나 부족하고 모자란 가운데도 많은 것도 숱하게 있었습니다. 어른들이 논밭으로 일하러 나가시면 빈집에서 혼자 시간은 늘 남아돌았습니다. 그러면 넓은 들 깨끗한 강으로 나가 오염되지 않은 환경은 우리들로 하여금 마음껏 뛰놀 수 있게 했습니다. 깨끗한 공기는 늘 우리들에게 크게 심호흡으로 정신을 맑게 해주었으며 맑은 강은 늘 우리들에게 헤엄치며 씻고 마셔도 좋은 놀이터였습니다. 진종일 쏘다니느라 힘을 소진하고 나면 배는 더욱 고팠고 쪼르르 배고픈 신호에도 아직 기다리는 끼니 때는 멀었고 하늘 가운데 해는 여전히 빛나고 있었습니다. 이러다 보면 먹는 둥 마는 둥 한 점심 간혹 건너뛰기라도 하는 날이면 그나마 저녁에야 먹을 수 있는 보리밥 한 끼도 한 숟갈 갱죽(나물에다 쌀이라고는 없는 멀겋게 끓인 죽)도 한참은 더 기다려야 하느니만큼 배고픔을 참기 위하여 아이들은 마을 공동 우물에 가 한 바가지 찬물로 벌컥벌컥 배를 채우기도 했습니다.

6 · 25 동란 전후 어린 우리들은 놀이도 편을 나누어 싸우는 전쟁놀이였습니다.

값싼 장난감이지만 돈으로 산 것은 하나 없는 우리들이었지만 많은 시간과 더 넓은 산과 들은 귀중한 자산이었습니다. 고무줄과 잡기장으로 접은 딱지, 총이 된 막대기, 구슬이며 줄을 감아 내려치는 못 박은 팽이며 겨울이면 앉은뱅이 스케이트와 철사로 만든 칼 스케이트가 바람을 갈랐습니다. 가끔은 있는 집 아이가 가죽 구두 칼 스케이트로 싱싱 달리면 어깨에 걸친 머플러는 바람에 휘날려 참 멋있게 보였습니다. 그러면 더욱 신이 난 그는 보란 듯 날 더 날쌔게 달려 나가면 선망의 시선들이 고개를 돌려가며 달려가는 그를 봅니다. 그러면 그는 몹시도 우쭐해 하기도 했습니다. 칼 스케이트를 타는 과수원집 아이 경도는 물 찬 제비 나막신 앞쪽에 못을 박아 철사 줄 스케이트를 서서 타는 우리들은 물오리이었으며 이도 없어 앉은뱅이 스케이트를 창으로 찍어 밀고 타는 동네 꼬마들은 느릿느릿 거북이였습니다. 아마 어릴 적 우리들은 걸칠 것도 시원치 않았으니 지금보다 더 많이들 추웠겠지만 추워도 추운 줄 모르고 놀기에 신이 났습니다. 달 밝은 밤이면 편을 갈라 벌이는 흙담을 넘어 쳐들어가는 전쟁놀이는 마을 담 이엉을 송두리째 벗겨 버리기 일쑤이었습니다. 가끔은 먹을 것을 찾아 감자 서리 고구마 서리 밀 서리를 하기도 했습니다만 지금 같으면 다들 영창에 가 몇 개월 철창신세를 지고 나와야 할 나쁜 짓이었지만 너무 가난하여 늘 먹을 것이 부족하여 군것질의 한 방법으로 잘못된 행동을 했습니다. 간혹 주인에게 들켜 부모에게 알리겠다며 으름장을 놓으며 혼나기도 했습니다만 부모님들에게 알린 일도 더욱이 경찰에 고발하는 일들은 전혀 일어나지 않았으니 인심은 후했다 해야 할 것 같습니다. 더욱 겨울 밤 동네 조무래기들이 모여 앉아 쌀밥 디리 짠지(김장김치) 디리(좀 있는 집 아이는 자기 집 쌀을 부모 몰래 가져오고 짠지(김장김치)는 형편이 괜찮은 집 김칫독을 몰래 열어 몇 포기 가져와 함께 먹는 일종의 먹는 계 같은 모임)는 정말 설 추석 명절 아니면 생일 때나 먹어 보는 쌀밥을 포식할 수 있는 절호의 기회가 되기도 했습니다. 우리들의 봄 여름 가을 겨울 4계절은 자연과 어울리는 요즘 말하는 자연학습이었습니다. 호연지기(浩然之氣)를 키우고 임기응변에 능한 산지식을 익히도록 했습니다. 하나 예를 든다면 우리들은 물에 익숙하여 책 보따리를 갖고 물을 건너야 하는 경우에도 한 손으로 머리에 인 책 보따리를 잡고 한 손으로 발헤엄으로 치며 건널 줄 아는 수영교실에서도 가르쳐 주지 않는 헤엄기술을 알고 있었습니다. 속고 속이는 것을 모르는 우리들이었습니다. 말 그대로 자연과 더불어 살아가며 자연으로부터 지혜를 배웠습니다. 조금은 서리다 디리다 빗나간 구석 없지 않았지만 당시에는 먹을 것이 하도 귀해 배고픔을 달래기 위한 한 방편으로 아이들의 어리광으로 당시 어른들은 이해하셨다 말씀드리며 합리화해야 하겠습니다. 초근목피(草根木皮) 멀건 갱죽 이러한 것들이 한 끼 식사로 배불렀던 시절 우리들은 그렇게 자랐고 성장하였습니다.

아무리 어렵던 지난날도 다 지나고 나면 다 아련히 모락모락 피어나는 집 불 모양 아름다운 추억이 되나 봅니다.

지금 아이들은 지나치게 많은 것을 제공하면서 어쩌면 주는 만큼 가르치는 만큼 간섭하고 감독하여 스스로 개척하고 헤쳐 나가는 힘을 빼앗아 버리는 것은 아닌지 염려가 되기도 합니다. 우리가 자라던 그때를 회상해 보면서 흙과 더불어 자라나는 것이 더 큰 그릇이 되도록 살아갈 수 있는 사람으로 지혜가 쌓여간다는 말씀을 드리며 지금의 이것도 저것도 잡다하게 문어발식 암기식 교육은 다시 되새김해 봐야 하지 않을까 생각합니다. 그때 조금 내린 비에도 건널 수 없는 다리를 바라보며 발을 동동 구르며 안타까워하던 과수원집 자야 모습이 코끝 찡하게 미열을 일으키며 스크린 속 한 컷으로 스치며 지나갑니다.

역사적 사찰도 왕후장상(王侯將相) 없지만

내 고향 금호는 역사 깊은 사찰(寺刹)이 있는 곳도 아니고 왕후장상(王侯將相) 같은 역사적 인물이 난 곳도 아니다. 더욱 유명한 문필가나 과학자 등 내세울 만한 인물이 난 고장도 아니다.

그렇다면 뭐 자랑할 것 있느냐 하면 할 말 없습니다. 이 나라 대한민국이 오늘 내일 끝날 국가가 아니고 수만 년 살아왔듯이 수천만 대 후손들과 함께 살아갈 나라 아니던가요? 글로써 풀어보는 금호는 거문고 금(琴) 호수 호(湖)입니다.

글자 그대로 거문고 금(琴)은 임금이 둘 왕 왕(王 王) 아래 사람인(人) 밑에 이제 금(今) 이제 금은 지금 당장일 수도 있고 하기에 따라서는 내일일 수 있으면 또 먼 후일 언젠가일 수도 있다는 시간의 개념(槪念)이기보다는 확신(確信)이며 믿음이며 사는 사람들의 노력으로 만들어가는 당위(當爲)의 개념이다. 호수 호(湖) 즉 물 호는 호수 가득 물은 백성을 의미하는 것이다는 생각을 가져 봅니다.

그러니 결론부터 말씀드리면 민주 사회에서 옛날과 같이 칼과 총이나 힘으로 권력을 탈취 나라를 다스리는 것이 아니라 백성의 선택에 의해서 나라를 부강하게 만드는 참 일군이 적어도 2명 이상은 태어난다고 해석을 합니다.

이야기를 하기 전에 왜 이런 말을 하느냐 하면 역사란 시대에 사는 사람들이 어떠한 정신과 마음으로 사느냐에 따라 달라지기 때문입니다.

이름이 갖는 위대성을 알고 그에 맞춰 생활하며 실천할 때 또 자식을 교육하고 가르칠 때 자연(自然)은 자기들도 모르는 사이에 에너지가 모여 알게 모르게 만들어지고 다듬어지고 축적(蓄積)되어 생각대로 되기 때문입니다.

적어도 금호강 삼백 리 물길 그 가운데 있는 고장 더욱 이름마저 그 강의 이름을 그대로 쓰고 있는 고장, 한강물이 도시 중심을 흐르고 있는 지금의 서울이 옛 이름이 한성이니 이만 보아도 예사롭지 않은 고장이 아닙니까? 누구나 다 고향에 대해서는 애틋한 정을 가졌거나 잊지 못할 추억들을 한두 가지는 가지고 있을 것입니다.

집이 가난하여 꾸려 다니는 일이 많았고 거기다 가족들이 칠칠치 못하여 업신여김을 당하였다 해도 말입니다.

나의 고향 금호는 전형적인 농촌 마을입니다. 공장이라고는 술도가나 두부를 만드는 곳 그리고 정미소가 전부인 곳입니다.

옛날 3대 부자는 정미소 주인 술도가 가진 분 과수원이나 농사를 많이 짓는 분입니다.

특히 금호는 과수원이 많아 자연히 시골 경제도 다른 어느 농촌보다는 좋은 편이었습니다.

내가 살던 집 앞으로 많은 물은 아니지만 사시사철 맑은 물이 흐르고 때로는 여름철 많은 비가 내리면 삼호나 대창 가는 낮은 다리를 집어삼키고 성난 뱀의 형상을 한 누런 황토물이 느릿느릿 입을 크게 벌리고 유유히 온갖 것들을 다 싣고 넓은 낙동강(洛東江)을 향해 가는 것입니다. 특히 사라호 태풍 때에는 많은 익사자가 있었으며 결실을 앞둔 온갖 곡식들을 손 한 번 쓰지 못하고 떠내려갔습니다. 더욱 팔월 명절을 며칠 남겨두지 않은 시점이라 경제적 타격은 물론 그 상실감이 말로 표현할 수 없을 정도였습니다.

강 건너 과수원에는 봄이면 빨강 봉숭아꽃 하얗고 붉은 능금 꽃이 장관을 이루고 가을이면 빨강 노랑 능금이 입맛을 돋우었지만 그림 속일 뿐 산지이지만 과수원집 아이가 아니고서는 한 알 먹기도 어려운 비싸고 귀한 과일이었습니다.

소달구지에 실려 느릿느릿 공판장을 향해 가는 능금을 구경하는 것으로 만족해야 했습니다. 집 뒤에는 넓은 금호평야가 야트막한 산 아래까지 동쪽으로는 유봉산까지 서쪽으로는 팔공산 첫 자락인 무학산까지 풍요롭게 펼쳐 있었으며 남쪽으로는 높지 않은 채약산이 양남(호남과 약남)을 품에 포근히 안고 사근달(대승지) 못을 젖줄로 또 하나의 마을을 이루었습니다.

하양과 영천 사이 넓은 금호평야 봄이면 종달새 노랫소리가 물결치는 파란 보리 고랑 사이에 집을 짓고 지나가는 나그네의 인기척에도 자지러지게 소리치는 모습은 짐승이지만 자식 사랑 이만할 수 있을까 할 정도로 몸부림치는 것을 곧

장 볼 수 있었습니다.

금호평야에 물을 공급하는 북쪽 위치한 사일못(풍락지)은 당시에는 경북도 내에서 1, 2등 가는 큰 못이었으며 금호평야는 어지간한 가뭄에는 걱정을 덜 수 있는 아주 중요한 저수지이었습니다.

사일 못은 물을 공급하는 외에 인근에 사는 아이들에게는 아주 중요한 놀이터이었습니다.

초등학교 고학년부터 중학교 고등학교 심지어 대학생 청년들까지 못은 바다가 되었고 둑에서 지평(地平)을 열었습니다.

어지간한 아이이면 누운 헤엄으로 동서로 왔다 갔다. 했습니다. 헤엄에 대한 기술을 정상적으로 받아본 일 없는 아이들이라도 물이 많아 책 보따리를 가지고 건너야 할 때도 머리에 책을 이고 발헤엄으로 건너가는 재주도 할 줄 알았습니다. 자연 가운데서 스스로 배운 이 지식은 정말 산지식이 아닌가? 임기응변에 능한 사용가치가 매우 큰 배움이라는 것을 그때 터득하였습니다.

어느 여름날 많은 비가 온 후 저수지에 매리가 넘어 매리밑을 가보니 파인 웅덩이에 송어며 피라미며 잔챙이가 물 반 고기 반이었습니다. 이런 날이면 매운탕으로 사이 잘 먹지 못했던 배고픔을 한 번에 날려 버릴 수 있는 기쁜 날이 되었습니다.

이런 날은 땅거미를 뒤로하고 돌아오는 귀갓길에 넓은 금호평야 벼들이 바람에 고개 흔들며 출렁이는 모습이 고개 숙여 인사하는 것 같았습니다. 개선장군이나 된 듯 잡은 고기의 무게만큼이나 뿌듯하고 힘찼습니다.

당시 교과서에서 금호평야라 함은 단지 우리 집 뒷들뿐만 아니라 인근 읍 면 즉 영천 주안들 하양 자인 대창 진량 들을 모두 합친 그 이름을 금호강을 끼고 있어 금호평야라 하지 않았을까 생각해 봅니다.

사일 못의 추억뿐 아니라 여름철 금호강에는 종발(사발)치기(물속에 모래를 파서 종발 안에 된장을 넣고 그물을 세우고 모래 높이로 묻어두면 고기들이 된장 냄새에 들어가면 나올 수 없는)며 가뭄이 심한 해에는 짚으로 상여(喪輿) 줄을 만들듯이 굵고 길게 엮어 얕은 강바닥을 끌어 모으면 송어 피라미는 물론 모래무치 쏘가리 꺽다구 각종 물벌레 곤충까지 한 양동이를 잡아 가리지 않고 맑은 물로 씻어 갖은 양념과 함께 서말지 가마솥에 넣고 한 두어 시간 끓이면 이는 매운탕이 아니라 보약인 것입니다. 저녁에 한 사발 가득 먹은 이 보약은 아침에 그 배설물(排泄物)에서 희뿌옇게 정력에 좋다는 것을 흔적으로 남기는 것입니다.

정월 달맞이는 저녁 뜨는 달을 보기 위해서 마른 논에 깡통 밑에 구멍을 뚫어 공기가 잘 통하도록 하고 안에 숯을 넣어 불을 붙이고 빙빙 돌리면 깡통이 빨갛게 달아오른다. 우리들은 그것을 휘휘 돌리며 달을 보러 넓은 금호평야를 가로질러 서쪽 유봉산으로 달려갔던 일이 어저께 같습니다. 아마 그때는 벌거숭이산이 많아 산불위험도 그리 높지 않았나 봅니다.

6 · 25동란 이후 모두가 어려웠던 시기 우리 동네에는 앞마실 뒤 마실(용대 마실이라 함) 합해 60여 가구 새봄을 맞는 기쁨보다 하루하루 끼니를 걱정해야 하는 가구가 대 여섯 가구를 제외하면 전부였습니다.

굶음을 밥 먹듯 한 시절이었습니다. 우리 앞집 진 씨 성을 가진 아저씨는 춘궁(春窮)기에는 사일(풍락지) 못에 가서 말을 쳐 시장에 팔아 곡식을 사는데 어디 말(물속에서 자라는 수초의 일종으로 말이라고 하는데 색은 파란색이며 옛날에는 겨울철에 푸른색 채소를 먹을 수 없어서 비타민 C가 부족한데 대신 먹었음, 고추장을 넣어 비벼 먹으면 아주 좋음)이 무한정 있어야 말이지요. 그래서 더욱 어려움이 많았습니다만 없으면 사람이라도 모질어야 하는데 심성이 어질고 순박하여 많은 세월 흐른 지금까지도 보고 싶은 사람 중에 한 사람입니다. 그의 남동생은 어려운 가운데 열심히 공부하고 착하게 살아 목회자의 길을 걷고 있다는 소식은 바람 타고 들려오는 소식이었습니다만 분명 그리되었을 것 믿어 의심하지 않습니다. 맑은 공기 시원한 물 자연과 어우러져 마음껏 뛰어놀 수 있는 고장 호연지기(浩然之氣)를 키우고 담력(膽力)을 쌓을 수 있는 좋은 환경 지금도 그때와 별반 차이가 없는 환경이라 생각됩니다. 공장을 유치하여 잘 사는 것도 중요하지만 지금과 같이 포도다 배다 과일 농사를 열심히 지으면서 땅의 정직성과 농부의 부지런함을 배울 때 능히 나라를 경영하는 훌륭한 인재가 만들어질 것임을 믿습니다. 금호(琴湖)

라는 지명이 갖는 위대성을 알고 맞춰 노력할 때 뜻하는 바가 이루어질 것이다.

다시 한번 말씀드리면 민의에 의한 진정한 지도자 나라를 반석 위에 올려놓을 위대한 지도자가 2명 이상 배출할 수 있는 고장이라는 자부심을 갖게 하는 금호(琴湖)라는 이름이 얼마나 멋진 이름입니까?

성명학이니 사주관상학이니 풍수지리학이니 이러한 학문을 동원하여 풀어 설명할 것도 없이 사는 사람들이 금호란 고향 이름의 위대성을 믿고 노력하면은 능히 이루어지리라 믿습니다.

어찌 고향 자랑이 이뿐이겠습니까만 또 후일담으로 남겨두고 오늘은 적어도 앞으로 사는 사람들이 아들딸을 잘 교육하면 나라를 일으킬 훌륭한 인재가 난다는 것으로 다음을 기약합니다.

50여 년 만의 수학여행

5월 5일 어린이 날 집에 있으면 손자 손녀들 재롱이나 보고 아니면 마지못해 코흘리개 손에 이끌려 어디 야외라도 가야 할 날, 좀 덥다 싶지만 싱그러운 아침 햇살을 받으며 금호에서 타고 온 열두셋 동갑내기 소녀 소년들이 된 초등학교 동기생들이 기다리고 있던 대구 동기들과 시민회관 앞에서 손을 흔들며 환성을 발하며 50여 년 만에 마주(그 사이 한 번도 서로 만난 적 없는 친구도 있음)하였습니다.

더욱 멀리 부산에서 일찍 열차로 올라온 양○○ 군의 건강한 모습으로 마주하면서 아직 우리들은 노인이기에는 아주 많은 날들이 남아있다는 마음의 여유는 우리들에게 건강한 마음을 주었습니다.

모두 33명 남자 동기생이 몇 명 많기는 하였으나 이는 어쩔 수 없는 수의 편차로 이해하면서 함께 할 마음은 꿀떡 같았으나 주어진 환경(입원, 미안합니다. 가정 대소사는 잘 치루시고요. 보행의 어려움 때문에 참석하지 못한 동기생 부지런히 건강 챙기시고)이 여의치 못한 여럿 동기생의 마음을 모으고 서울 동기생까지 합하면 족히 40명을 넘어 45명 정원의 버스에 보조의자를 놓아야 할 것 같은 대 성황이었습니다.

우리들은 이렇게 시민회관 앞을 출발하여 예정의 1박 2일

일상(日常) 이탈 50여 년 만의 수학여행(修學旅行)을 시작하였습니다.

서로 즐거운 마음으로 인사를 나누고 우리들의 모교 금호초등학교 교가를 '양양♩♩빛나 ♬는 금호 건아는 오천 년…'(안 선생 동기생이 50여 부 다른 동요와 함께 복사한) 그 시절로 돌아가 지그시 눈을 감고 불러 보았습니다. 어릴 그때도 3절까지 불러 본 기억이 별로 없는 나로서는 정말 감개무량하였습니다. 눈가에 촉촉한 감촉은 나만의 마음은 아닌 것 같았습니다.

그리고 오빠 생각 그리고 이어지는 과수원 길은 어린 시절 주저리 달린 그렇게도 따먹고 싶던 빨간 사과들이 탱자나무 울타리 안에 널브러지게 매달려 있는 듯 착각에 빠지기도 하면서 우리들을 실은 버스는 조○○ 동기생이 기다리는 서울로 향했습니다.

몇 번의 휴게소 휴식과 이어지는 덕담과 개그로 재미를 배가하면서 13시경 안산 반월 공단에 있는 공장에 도착하였습니다.

서울에 거주하는 동기생 여러 명이 조○○ 사장과 함께 우리들을 반겼습니다.

오늘 50여 년 만의 재회는 누가 누군지 말을 하지 않으면 알 수 없는 사이로 만들었습니다. 흰 머리에 주름 잡힌 늙수그레한 얼굴 뒤에 참하고 순수했던 어린 자야의 그 모습을 만지작거려 봅니다.

우리들은 즐거운 마음으로 공장을 견학하였습니다.

철(鐵)을 가공하여 수출하는 회사로서 설비가 웅장하고 규모가 매우 큰 아주 단단한 회사임을 한순간에 느낄 수 있었습니다.

마침 법정 공휴일로 직원들은 출근하지 않아 번잡의 누를 피 할 수 있었음을 감사하며 더욱 가까운 횟집에서 융숭한 대접 정말 감사했습니다.

자연산 회에 양주까지 깃들인 점심 식사는 50여 년 만의 일상이탈 수학여행은 과거로의 회귀(回歸)를 만끽하게 하였습니다. 어린 날 수학여행에서는 무엇이나 다 신기했던 기억의 파편을 주워 담으며 오늘 50년 만의 수학여행의 여유로움을 한껏 북돋아 주었습니다. 그리고 이어지는 여행길 대부도 가는 길 파고, 헐고, 뭉개고, 쌓고 메우고, 돋우고, 놓고, 얹고, 잡구며 발전하는 바닷길 서해대교를 지나면서 대한민국의 지도를 바꾸는 역사의 현장을 눈으로 볼 수 있음을 감사했습니다.

달리는 서해안 버스 안에서 서산의 지는 해를 바라보면서 바다와 산 위의 붉은 물결은 어느 시인이 노래한 '마지막 재까지 다 태우고 가려고 노을은 또 저렇게 붉은가 보다' 생각하면서 우리들은 미리 예약한 안면도 도에기 펜션에 도착하였습니다.

저쪽이 바다려니 캄캄한 무엇 하나 보이지 않는 바닷가 이층 식당에서 저녁 식사는 우리들을 뒤돌아보게 하기는 충분하였습니다.

너와 나, 지금 우리들은 어디까지 왔을까? 아니 가는 길 정해져 있다면 여기가 어디쯤일까? 여기까지는 같이 왔지만 앞으로 누가 또 먼저랄 것도 없이 무슨 바쁜 약속이나 있는 듯 휭하니 가버리고 빈자리를 만들어 놓을까?

앞서거니 뒤따르거니 어차피 가는 길 정해져 있는 것 안달도 한숨도 뭐 거창한 구호도 각오도 얘기할 필요가 없었습니다. 이쯤 세월이면 물 흐르듯 맡겨 놓고 유유자적함이 너나 우리 모두의 건강을 위해서 좋지 않을까 생각해 봅니다.

도에기 펜션 마당에서 조개구이와 소주와 맥주 그리고 왁자지껄 노래 소리에 흥겨워하며 별이 빛나는 밤에나 어울리는 나지막한 화음 긴 머리 소녀 멜로디는 토막토막 추억이 되었습니다. 방안에서 이어지는 지난 시절 추억의 소야곡을 병에 숟가락을 꽂아 흔들며 장단을 맞추는 두리둥실 두둥실 한바탕 춤도 아까운 추억의 명장면으로 자리매김하였습니다. 이튿날 아침 어제와 똑같이 다시 뜨는 서해안에서 일출을 보면서 너와 나의 바닷가 길 산책 영상물 뒤에서만 자라던 '나 잡아 봐라'의 실연(實演)은 마음 같지 않은 몸이라 느껴졌지만 다 좋은 추억 되었지요.

일상의 이탈 수학여행 한 토막 한 토막은 지나고 나면 도회 중심지에 생각 없이 사둔 자투리땅이 노른 자리로 변하여 값나가는 땅이 된 것 같이 아주 귀한 추억이 될 것입니다.

간단하게 아침 식사를 하고 안면도 세계 꽃 박람회 구경을 하였습니다. 종류가 몇 가지인지 알 수 없는 너무 많은 꽃들

색이 저렇게 다양할 수 있을까 싶은 색의 조화 하늘과 땅 사이에 안면도는 꽃 꽃으로 장식한 천국이었습니다.

어느 분이 천국에 가니 지상에서는 도저히 볼 수 없는 아름다운 꽃이 있기에 천사에게 따도 되느냐고 물었답니다. 저 꽃을 내가 따면 다른 사람이 볼 수 없기 때문에 당연히 안 된다 할 터인데 천사가 따도 된다 하셨다 합니다. 그래서 그는 그 아름다운 꽃을 땄습니다.

그런데 이상하게도 그 자리에 그 꽃이 또 있는 게 아닙니까?

(천국에는 시공이 없기 때문에 아무리 따고 또 따도 그 자리에 계속 피어 있답니다.) 안면도가 그런 것 같았습니다. 너무 너무 꽃이 많아 아무리 따도 없어지지 않을 것 같았습니다.

아름다운 꽃을 본 사람은 아름다움이 무엇이며 어떤 것인지 알고 선한 사람을 만나는 사람은 선한 것이 무엇인지 안다 했습니다. 선한 행동은 모든 사람을 위해 얼마나 중요한 것인지도 안다 하셨습니다.

꽃을 보고 느낀 감동이 이렇다면 본 가치가 있지 않겠습니까?

일정상 관람 시간을 1시간으로 정하여 밀려오는 사람 물결을 마음에 담고, 담고 싶은 꽃을 다 담을 수 없음을 안타까워하면서 우리들의 일상이탈 수학여행은 안면도를 뒤로 하고 새만금 간척지를 돌아보았습니다. 민족웅비의 현장에서 민족의 무궁한 발전을 기도하면서 인간은 함께 힘을 모으고 노력하면 아니 될 것 없겠다 싶은 마음이었습니다.

오는 길 홍○○ 군의 좋은 먹거리 강의는 어느 TV 프로에 나와 강의 하여도 하나 손색이 없는 명 강의이었으며 더욱 우리나라 젊은 남자들의 정자 수 감소는 족히 쇼킹한 주제였습니다.

후일 강의 내용을 발취하여 동기생에게 전달하기로 약속하였습니다. 더욱 차 안에서 반 대항 디스코 경연은 일상이탈 수학여행 최고의 별미이었음은 나만의 생각은 아니라 생각됩니다.

지는 반 학생이 상대 반 학생을 안아주는 그리고 등을 두드려 주는(건강하게 지금까지 잘 살았다 앞으로도 이렇게 건강하게 잘 살자 라는 의미의) 안아주기 프로그램 우리 반이 저 3반은 1반을 2반은 3반을 1반은 2반을 안아주는 어느 누구도 손해를 보지 않는 안아주며 등을 두드려주는 격려의 몸짓은 좋은 추억을 만드는 또 하나의 명장면이었습니다.

아무 준비도 없이 어느 날 갑자기 만들어진 하루의 일상이탈 우리들 수학여행은 이렇게 막을 내렸습니다.

앞으로 또 어떤 때 이렇게 아무 꺼릴 것 없는 아름다운 마음으로 조그마한 어릴 때 가슴으로 조마조마하며 팔딱팔딱 햇병아리 숨 쉬 듯 콩닥콩닥 두근거리는 시절로 돌아갈지 아무도 모릅니다.

다들 부지런하게 열심히 비운 마음으로 살다보면 건강히 잘 생활하실 것이라 생각하면서 건강하기만 하다면야 언젠가 시간이 다시 줄 것이라 믿습니다. 소회(所懷)를 적어봅니다.

고급스런 경쟁

가을 어느 날 바람도 한결 싱그러운 한낮 노란 은행나무 잎이 아름답게 물들여진 나란히 가로수가 줄이 되어 서 있는 그늘이 두터운 긴 인도를 걸어가노라면 금방 조금은 차가움을 느낍니다. 자연히 이번에는 햇빛 속을 옮겨 걸어가면 이번엔 또 조금은 덥다 싶은 생각이 듭니다. 그러다 보면 나무 그늘과 햇빛 속을 번갈아 가며 걸은 자신을 보게 됩니다. 인간의 마음은 참으로 간사합니다. 이것뿐만이 아닙니다.

어제까지만 해도 덥다며 산이나 바다로 더위를 피해 가더니 며칠 지나지 않아 아침저녁 조금만 날씨가 변하여도 금방 성큼 가을이 왔다며 야단법석입니다.

그뿐만이 아닙니다. 조금 전까지 죽일 놈 살릴 놈 하면서 들끓는 여론도 삼 일 가지 않습니다. 언제 그랬느냐 하면서 아무 일 없는 것같이 표정을 바꿉니다. 이를 두고 냄비 현상이라고 합니다만 진득하지 못하며 금방 짜증을 내며 이러 저리 옮겨 다니는 모습은 현대인의 참을성 없는 모습의 한 단면이 아닌가 생각됩니다.

육체적으로 단련되지 못하면 정신도 해이해져 모든 것에 참을성이 없어지고 성급하며 일그러지며 분노하기 마련입니다.

이러한 모습의 현대인에게 매스컴이란 괴물이 한 술 더 떠서 부채질하면 혼란은 걷잡을 수 없어집니다.

아무것이나 다 국민의 알 권리를 주장하면서 알리지 말아야 할 것 알릴 필요가 없는 것까지 알려 경쟁을 부추깁니다. 예를 들면 비가 좀 많이 와서 배추나 상추 등 반입이 조금 늦어 다소 오른 것 가지고 천정같이 오른 배추 값 서민 가계에 주름살지고 대문짝같이 특필하고 또 방송은 무슨 큰일이나 난 것같이 아침저녁 연일 보도하며 마트나 시장이다 줄 선 몇 사람 찍어 내보내니 이러다간 우리 집은 김치 구경도 못 하겠구나 하면서 너도 나도 경쟁하게 만드는 것입니다. 그냥 두면 사람들이 모르고 시장에 가서 배추 값을 물어보고 좀 올랐다 싶으면 오늘은 김치를 담그지 말고 헐한 다른 것으로 반찬을 대신하고 다음 내릴 때 사야지 하면서 스스로 먹을거리를 조절할 텐데 말입니다.

당장 김치 안 먹는다고 입에 털이 나는 것도 아니고 죽는 것도 아닌데 말입니다. 이것을 다중매체의 역기능이랄 수도 있을 것입니다. 얼마 전 후쿠시마 원전 사고 시에도 가만히 있는 천일염(天日鹽)이 하루아침에 귀족이 되었지 않습니까. 그때 천일염 사지 않는다고 영원히 못 사는 것 아니지 않습니까? 지금쯤(2011년 12월) 천일염을 사서 장을 담가도 아무 지장이 없는 것 아닙니까?

지금 나도 필요하지만 많은 사람들이 사려는 것을 보니 나보다 더 필요한가 보다, 나는 좀 있다 다른 사람들이 다 사고

난 후 천천히 사자, 조금 늦다고 장 못 담는 것도 아니니 말입니다. 이렇게 생각할 것인데 매스컴이 촐랑거리다 보니 뭐 이것 큰일이구나. 지금 사지 않으면 영원히 못 사는 것이다 착각마저 일으킬 정도이니 사재기다 하며 널뛰기 현상이 벌어진 것 아닙니까? 어디 이것뿐입니까?

몇 사람이 거리로 나와 몇 마디 구호를 외친다고 마이크를 들이대고 인터뷰를 하니까 하루아침에 자기가 무엇을 한 것 같이 우쭐하여지고 우국지사나 된 것 같은 착각에 자기도 모르는 사이에 온통 난리를 피우며 슬그머니 콧대가 높아지게 됩니다. 그래서 또 보고 듣는 사람들은 무슨 일 있는가 싶어 기웃거리기도 하고 가담하기도 하며 수가 불어날 수도 있습니다. 조금은 소란스럽더라도 가만히 놔두고 보세요. 아무도 관심 갖지 않고 있으면 제풀에 지쳐 그만두기 마련입니다. 이럴 때는 무관심이 최고의 약이다 그 말입니다. 그러니 앞으로 매스컴 좀 생각을 해서 보도하면 안 될까요? 국민의 눈과 귀를 막으라는 얘기는 아니고요, 어느 것이 진정 국민을 위하는 것인지 생각해보고 말입니다.

일부 정치인은 입만 열면 국민과 함께 국민의 이름으로 국민의 뜻을 받들어 라고 얘기를 합니다만 지나고 보면 다 엉터리인 것을 어디 한두 번 봅니까? 이러한 정치인 닮지 말고 경쟁도 좀 고급스럽게 할 수 있도록 하면 안 될까요?

예를 들면 자선이나 봉사 희생 사랑 나눔 등 나 자신을 위한 것이 아니라 내 이웃을 위한 일 나보다 못한 사람들에 대한 배려 즉 누구는 어디에 얼마를 기부했는데 누구는 희생을 몇 번 했는데 누구는 고아원에서 빨래를 몇 번 했는데 양로원에 가서 할아버지 할머니 말동무가 되어드렸는데 이러한 고급스러운 경쟁은 왜 하도록 유도하지 않습니까? 인간이 인간다울 수 있는 것은 이러한 경쟁에서입니다. 사회가 전정으로 발전하고 더욱 선진국으로 가는 지름길은 이러한 고급스러운 경쟁이 진정한 경쟁의 의미로 자리매김할 때가 아닌가 생각됩니다. 선하고 착하고 아름다운 일들을 하는 사람들을 시리즈로 엮어 방송을 한 번 해보세요. 너도나도 경쟁하듯 서로 하려 할 것입니다. 악한 사람들도 이러한 보도에 접하다 보면 아니 하루도 아니고 연일 계속하다 보면 중독이 되어 아! 나도 이래서는 안 되겠다 나보다 못한 저 사람도 저렇게 좋은 일 하고 사는데 내가 이래서 되겠는가 반성하며 착하고 선한 사람으로 변할 수 있을 것입니다. 사회는 서로 보고 배우며 살아갑니다. 좋은 사람 속에서 함께 살면 좋은 사람 되기 마련이고 나쁜 사람이 우글거리는 곳에서는 좋은 사람이 되기는 어렵습니다.

아줌마들의 모임도 들여다보면 착하고 선하고 아름다운 분들의 모임에서는 항시 서로 격려하며 조그마한 것이라도 서로 나누어 주려 하고 집에서나 사회에서 자기들이 한 일들 중 좋은 일 아름다운 일들을 서로 공유하며 깔끔한 찻집이나 음식점에서 검소하게 음식을 나누는 모습을 볼 수 있습니다. 다음에는 어떠한 것들을 가지고 의논하여 도울 수 있는가를 서로 다짐하며 헤어집니다. 이와 반대로 그렇지 않은 이들의 모임을 들여다보면 누구는 애인이 몇이며 무슨 선물을 받았고 어디에서 몇 번 육체와 정신이 혼미할 정도로 관계를 가졌으며 온통 먹고 마시면 쾌락과 향락에만 정신을 놓은 모임이 있음을 우리는 알고 있습니다.

주위를 돌아보세요. 과연 나는 어떤 사람이며 내 주위에 나와 함께 호흡하는 사람들은 과연 어떤 사람인가를 연탄을 손바닥 위에 올려놓으면 검어지기 마련입니다. 그러다 보면 갈 수 있는 곳은 가서는 안 되는 큰집일 수밖에 없습니다.

그러한 사람들과 만난다면 바로 관계를 끊으세요. 그 길이 자신을 구하는 길입니다. 계속 그 길 가시길 고집하면 큰집으로 가실 수밖에 다른 도리가 없습니다. 더욱 가족 아니 자식들이 본을 보기 마련입니다. 그 길 따라가기 마련입니다.

변하지 않은 인심 (화순에서 송광사까지)

일찍 숙소를 나와 길을 걸었다.

2박 3일 둘째 날 (6월 21일) 화순에서 어젯밤 3시간 30분 걸어 겨우 찾은 숙소, 밤의 차도 갓길을 걷는 나 옆에 싱싱 달리는 차들 어쩌다 운전기사가 잘못 한번 휘청하는 날이면 들이받아 황천길이 바로 이 길이 되고 마는 길을 걸으면서도 오른쪽으로 가지 않고 왼쪽으로 걸어갔다. 왼쪽 보행이 오는 차와 마주할 수 있어 나름대로 방어 걷기를 한다고 걸어갔다. 밤에 구름이 하늘을 가리니 더욱 어두웠다. 별은 저 먼 우주로 나들이 갔는지 보이지 않고 구름은 완벽하게 요새를 만들어 움직임도 알 수 없는 캄캄한 밤이었다. 혼자 걷는 길 사색의 골짜기를 가다 생각이 빗나갔다. 돈에 음흉한 눈길 주다 보면 더하고 빼기보다 곱하고 나누기가 엄청 큰 도박이라고 생각할 여유는 고사하고 오는 차 가는 차에 온통 신경을 다 빼앗기고 잘못하면 목숨마저 잃을 판이니 이젠 이 나라에는 4대강 사업이 잘되면 몰라도 이런 길을 걸으며 팔도 유람을 한다는 것은 종(終) 친 것이야 한탄해 본다.

너무 늦어 식사는 고사하고 잠만 잘 수 있어도 다행이라면서 겨우 찾은 숙소 저녁 식사는 아예 없다 한다.

늘 준비한 초콜릿 2개로 저녁 식사를 대신한 후 12시경 잠자리에 들었다. 피곤해서 그러한지 잠은 쉽게 찾아와 아주 편안하게 잠을 잤다. 푹 잠을 자 그러한지 일어나 보니 7시였지만 시장기는 전혀 느끼지 못하였다. 간단하게 세수와 양치를 한 후 길을 나섰다. 한 시간을 종일 걸으니 슬슬 시장기가 찾아왔다.

어디 적당히 값싸고 맛 좋은 행운의 집은 없을까? 찾다 나타난 집 올망테, 야트막한 산을 뒤에 두고 집 모양은 어느 토굴 같은 느낌을 주는 그런 모형으로 집도 참하고 맛도 있을 것 같다. 이름도 내 어린 날 어깨 메고 소 풀 뜯으러 갈 때 쓰던 꼴망태와 비슷한 올망태란 이름을 가진 음식점 이름부터 마음에 와 닿는다. 우거진 수풀 사이로 금방이라도 짐승이 나타날 것 같은 분위기다. 앞에는 넓은 주암댐이 커다란 몸짓을 하며 흐르는 산자수려(山紫水麗) 한 곳에 위치한 음식점이다.

주인장을 찾으니 안에서 소리는 없고 등 뒤에서 인기척이 난다. 일찍 학교 가는 아들 데려다주고 오는 길이라며 아내도 아침 운동 갔으니 집에는 아무도 없었다는 얘기다. 이 아침에 어찌 오셨느냐는 표정이다. 묻지 않아도 내 여차여차하고 아침 좀 먹을 수 없느냐 하니까 아직 준비가 안 돼 곤란하다며 거절하신다.

그렇다면 무엇이든지 요기할 것 없느냐는 내 말에 손님 사정이 딱하니 우리가 아침으로 먹는 누룽지를 잡수시겠느냐는 것이다. 먹다 말다 감지덕지죠 그러겠다고 하니 조금 있으면 아내가 올 터인데 그때같이 먹도록 합시다. 하면서 방으로 들어오기를 권하였다. 잠시 인사를 나누고 하는 사이 자기 아내가 돌아와 밖으로 나가더니 아마 누룽지를 준비시키신 모양이다.

내가 보기에는 서른여덟 아홉 정도로 보였는데 10년이나 위이며 대학을 다니는 아들을 학교 통학시키고 오는 길이라 한다. 집사람은 통영 출신 경상도 아내라며 영호남 합작 부부라 하셨다. 젊은 내외가 마음 편히 큰 욕심 없이 장사를 하시니 늙지 않으시는 모양이라 그렇게 젊어 보이는구나 하니 무엇이나 다 욕심낸다고 되나요. 순리대로 살아야죠.

공손하게 하시는 말씀이 많은 사람을 상대로 장사를 하는 사람이 아니고 농사를 짓는 순박한 농사꾼의 모습이었다. 그래서 늙지 않는 모양이다 혼자 생각해 본다.

조금 기다리니 큰 사발에 가득 삶은 누룽지를 담은 상을 아주머니가 들고 들어오신다. 보아하니 어디 내놓아도 그럴듯한 누룽지탕이라야 해야 할 것 같다. 몇 가지 깔끔한 반찬이 배고픈 나의 식성을 한결 돋운다. 주인장과 겸상으로 봐오셨다. 얼마나 황송한지. 맛있게 먹으면서 이런저런 말 물음에 지금은 경기가 나빠 장사가 잘 안 된다 하면서 더욱 기름 값이 오르고 나서는 찾는 손님이 확 줄었다는 것이다. 여기는 시골이라 도회와 떨어져 있어 회식이다 하며 마음먹고 와야 하는데 기름 값이 겁이 나 손님이 뜸하다는 것이다. 그러면 어떻게 하시려나 물으니 방법이 있겠지 하시면서도 잠깐 걱정의 흔적이 얼굴에 나타났다 사라진다.

일어서면서 얼마를 드리면 될까요? 하면서 뒷주머니에서 지갑을 꺼내니 돈은 무슨 돈요 먹는 밥에 숟가락 하나 더 놓은 것밖에 없는데 잘 잡수신 것만 해도 고맙다 하신다.

아직 이런 인심 살아 있다는 것이 고맙고 또 이 젊은이가 대견스러웠다. 경기는 좋다가도 나빠지고 나빠지다가도 좋아지니 곧 좋은 시절 올 것입니다. 일반적인 말로 용기를 드리고 저가 나이 많아 더 늦으면 가보고 싶은 우리나라도 다 못 보고 갈 것 같아 마음먹고 팔도 유랑을 떠났다며 혹 다니면서 얻어들은 풍월들을 모아 책으로 엮는다면 제일 먼저 김 사장에게 드리겠다고 약조를 하고 그 집을 나오면서 사진 몇 장을 찍었다.

사진을 놓고 보니 뒤에는 산을 두고 앞 양편에는 우거진 수풀 사이에 숲속의 집인 올망테가 자리한다. 찌든 세파의 때 씻으려면 여길 와 집주인의 넉넉한 인심과 맛깔스러운 음식으로 수삼일 묵는다면 평온한 마음이 될 성싶은 집이다. 김동욱 선생 감사합니다. 약속은 지킬 것이요. 그리고 사업의 번창을 기도합니다.

인사를 끝내고 송광사를 가기 위해서 길을 나섰다. 아침도 먹었겠다. 힘이 솟는 느낌이다. 저절로 발걸음이 빨라진다. 송광사를 가기 위해서는 부지런히 걸어야겠다며 또 생각의 나래를 편다. 오늘은 늦더라도 송광사까지 가야겠다. 그리고 내일은 송광사 풍광에 몸을 맡기고 그간 삶의 여적을 스스로 정리를 해봐야지 생각한다. 한 십여 분 걸어갔다. 뒤에서 자동차 경적소리가 들린다. 내가 잘못 걸었나 생각하며 뒤를 돌아본다. 봉고차 한 대가 서서히 따라오더니 차를 세우면서 기사 분이 손짓을 한다. 가는 걸음을 멈추고 돌아서 기사에게 다가간다. 오른쪽 창문을 여시면서 어디까지 가시느냐 물어 보신다. 송광사를 간다 말씀드리니 자기는 방향은 다르지만 송광사 삼거리까지 태워주시겠다며 타라 하신다. 이런 고마울 데가 어디 있을까? 갑자기 눈시울이 뜨거워짐을 느끼며 울컥 목이 메인다. 오르면서 고맙습니다. 인사를 하면서 수인사를 나눈다. 자기도 여행을 좋아해서 시간이 나면 집을 나선다는 것이다. 차를 얻어 타기도 하고 밥을 얻어먹기도 한다면서 걸어가시는 모습이 자기를 보는 것 같아서 차를 세웠다 하시면서 자기의 생각이 맞았다는 것입니다. 자기와 같이 여행을 좋아하시는 분이 고단한 길을 걸으시는 것이라 생각했다는 것입니다. 잠깐 시간이지만 참 많은 말들을 서로 한 것 같습니다. 마음이 오갈 수 있는 아름다운 낱말들이 길지 않은 시간이지만 차 속에서 오고 갔습니다. 마음이 같다는 것 한마음이라는 것은 긴 시간이나 오랜 세월에 있지 않나 봅니다. 이렇게 같은 마음이 될 수 있었음을 감사하면서 전남 파다 2710 저와 나이 비슷한 아저씨 언제 또 뵈올 행운 있기를 빌며 넉넉한 콧수염 한결 잘 가꾸시길 바랍니다.

고맙습니다. (2011년 6월 24일)

작은 고통 하느님 큰 사랑

술 담배 끊은 이야기

지나온 세월 돌이켜 생각해보면 하느님께 감사한 일 어디 한두 가지이겠습니까? 마는 그중에서 하느님의 큰 사랑이 없었다면 아마 저는 오래전에 이 세상 사람이 아닐 것입니다. 제 나이 한창일 때 34세 전후의 일입니다. 그 시절에도 담배가 인간에게 해롭다는 것은 알았습니다만 지금과 같이 많은 사람들이 잘 알 수 있도록 정보는 제공되지는 않았습니다. 더욱 흡연에 대해서 지금과 같이 금연구역을 지정하거나 엄격하게 규제하는 등의 제한 조치가 또한 많지 않았습니다.

여기저기 장소를 가리지 않고 흡연은 당연시되었으며 처음 만나는 사람과 인사를 나눌 때에도 담배 한 대를 권하는 것으로 서로 인사를 대신하던 시절이었습니다. 그러다 보니 담배는 인사였고 대화였고 마음이며 오고 가는 정이었습니다. 어떤 의미에서는 생활의 일부분이었다 해야 할 시대이었습니다.

사무실에서도 흡연은 당연시되었으며 여직원들은 아침 출근과 동시에 담배 재떨이를 씻어 책상에 얹어두는 것으로 하루 일과를 시작했었습니다. 당시 저는 어떤 재벌 기업체 중견간부 사원으로 근무하고 있었습니다. 하는 일이 회사 전반을 관리하는 일이었습니다. 그러다 보니 사람들을 많이 만나게 되었습니다. 담배를 즐겨 피우던 때라 자연히 이 사람 저 사람 만나서 한 대 또 한 대 피우다 보니 하루 두 갑 정도는 쉬이 없어지는 것이었습니다. 애연가라기보단 중독되었다 해야 할 것입니다. 아침에 일어나 머리맡에 놓아둔 담배를 입에 물고 화장실에 갔을 정도이니 가히 중독을 알 수 있을 정도 아니겠습니까?

목이 좋지 않은 상태에서 흡연은 편도선염으로 이어져 이비인후과를 찾는 횟수가 잦았으며 약을 복용하기 일쑤였습니다. 그런 어느 날이었습니다. 같이 성당에서 함께 레지오(기도와 활동을 함께 하는 단체)를 하시는 형제분으로부터 주이비인후과 원장님을 소개받았습니다. 이런 저런 얘기를 나누다 편도선염(扁桃腺炎)으로 병원을 자주 찾는다고 말씀을 드렸더니 자기 병원으로 한 번 찾아오라는 것이었습니다. 편도선염으로 많은 고생을 한 터라 마음을 먹고 병원을 찾아가서 원장 선생님께 진료를 받았습니다. 입을 아– 하며 크게 벌리게 하고 진찰을 하시더니 원장 선생님 말씀이

"시몬(천주교 세례명) 씨 하루 담배를 얼마나 태우시지요?" 묻는 것입니다.

저 입안을 보시고 니코틴 낀 것 하며 양치질을 했다 하나 담배 냄새며 아마 기분도 언짢지 않았나 생각이 들더군요. 어물쩍하며

"아마 하루 한 두 갑 정도는 안 될 것입니다만 많이 태웁

니다.”

하고 죄송해하며 말씀드렸더니 원장 선생님 말씀이

“시몬 씨 원인은 담배 때문입니다. 담배를 끊고 나면 편두선염 때문에 병원 찾는 일은 아마 없을 것입니다.”

“내가 약속을 하지요 속는 셈 치고 담배를 한 달만 끊어보세요”

하시는 것입니다.

“한 달 끊고 나도 편도선염이 생긴다면 그때 또 피우시든지 하시고”

“내가 약속을 하지요” 하시면서 거듭 담배를 끊기를 당부하시는 것입니다. 그때 저는 보름에 한 번 정도 편도선염 때문에 병원을 들락거리고 있을 때였습니다.

그렇게 하겠습니다며 덜렁 약속을 했습니다. 같은 신앙인으로 원장님과의 약속은 지켜야 했습니다. 아니 그보다 자신의 건강을 지켜야 했습니다. 담배를 한 보름 피우지 않았는데도 집에 들어가면 아내의 태도가 전과는 다른 것을 느꼈습니다. 많지 않은 나이인데도 전에는 내가 가까이 가는 것을 무척 꺼리는 눈치였는데 어느 날부터인가 그러한 몸짓은 없어졌습니다. 거 참 이상하다 생각하면서 넌지시 아내에게 물어보았습니다. 아내의 말이 술 먹고 들어오는 날은 과히 술과 담배 냄새 거기다 양치질도 하지 않고 막무가내로 달려들면 죽을 맛이라는 것입니다. 오물 그 자체라고 말하는 것입니다. 지금까지 많이도 참아 왔구나 하는 생각이 들기도 하고 너 나 할 것 없이 이런 행동이면 어느 아내가 좋아할 것인가? 생각이 들더군요. 미안하기도 하고 지금까지 내 행동이 참 잘못했다는 느낌은 나로 하여금 금연에 대해 더한층 각오를 다지는 계기가 되었습니다.

담배를 피우지 않으면 좋은 것은 건강뿐만 아니라는 생각이 들었습니다. 이렇게 좋은 것을 왜 진작 끊지 않았나 생각이 드니 더욱 피우지 않아야 하겠다는 생각이 굳어졌습니다.

그러다 한 달이 지났습니다. 목에 아무 이상이 없었습니다. 원장 선생님 말씀이 맞는 것일까? 또 한 달이 지났습니다. 괜찮은 것입니다. 금연이란 높은 산 정상이 보였습니다. 저 정상에 올라 마음껏 푸른 하늘을 봐야지 하는 생각이 들었습니다. 두 달이 지나고 주원장 님을 찾아갔습니다.

주원장 님 말씀이

“어떻게 왔느냐” 하시면서 원장실로 저를 데리고 들어갔습니다. 원장 선생님은 자신에 찬 목소리로

“시몬 씨 고맙다고 인사하려 왔지” 하시는 것입니다.

“선생님 말씀 그대로입니다 고맙습니다.” 하며 머리를 깊숙이 숙였습니다.

주원장 선생님은 “농담이고 하시면서” 자리에 앉기를 권하며 짧은 시간 이런저런 얘기를 나누다 “이젠 편도선염 때문에 병원 찾을 일은 아마 없을 것이다” 하시는 원장 선생님의 목소리를 뒤로하고 회사로 돌아왔습니다. 그 후 저는 그룹 내 사간(社間) 전출로 그곳을 떠나 대구에서 30여 년이 지

난 지금까지 세월을 보내고 있습니다만 주원장 선생님 말씀대로 편도선염 때문에 병원을 찾은 일은 그 후 한 번도 없었습니다. 이것은 천주교 신자로 더욱 레지오 단원으로 열심히 산 삶에 대해 하느님이 저에게 주신 첫 번째 사랑의 선물이 아닐까 말씀드려 봅니다.

두 번째 하느님의 사랑은 이렇게 저를 초대했습니다.

어느 여름날이었습니다. 조그마한 텃밭에 오이며 상추 고추며 재배하고 있었습니다. 이른 아침에 김을 매려 밭에 갔다가 그날은 왜? 모기가 그렇게 많은지도 모르고 정신없이 일을 하다 배 부분을 모기에게 심히 물려 가렵고 벌겋게 부어올랐습니다. 손으로 문지르고 나니 더욱 가렵고 하여 병원을 찾아 주사 한 대를 맞고 연고를 바르니 괜찮아지더군요. 며칠 지났습니다. 모기에 물렸던 일은 까맣게 잊고 친구와 어울려 맥주에 소주를 요즘 말로 폭탄주로 거하게 취하였습니다. 하루 이틀 잘못되려고 그러한지 그때는 이상하게도 연 삼일 술 먹을 일이 생기더군요. 삼일 계속 대취했습니다. 삼 일째 되던 날 아침에 등이 가렵고 하여 옷을 벗고 아내에게 등을 보라 하니 아내가 깜짝 놀라는 것입니다. 왜 그러느냐 하니까 아내 말이 온 등이 문신을 새겨놓은 것 같이 빨갛게 그림을 그려 놓았다는 것입니다. 화들짝 놀라 인근 피부과에 갔습니다. 원인이 무엇인지 알아야 한다면서 무슨 반응 검사를 한 결과 원인이 먼지와 진드기라 하시면서 며칠 다니라 하시면서 주사를 놓더군요. 이렇게 한 삼 일 다니니 좋아져 일 주일분 약을 받아 가지고 와 복용했습니다. 일주일 지나도 괜찮았습니다. 또 한 달이 지나도 두 달이 지나도 두드러기란 놈 나타나지 않더군요. 이렇게 석 달이 지나도 괜찮았습니다. 이젠 두드러기란 놈에 대해서는 잊어버렸습니다.

그러다 어느 괜찮은 음식점에서 친구와 어울려 석 달 만에 술을 입에 대었습니다. 한 잔 두 잔 거기다 전에 습관대로 맥주에 소주 폭탄주로 거하게 취했습니다. 집에 와 잠자리에 들었습니다. 새벽녘이었습니다. 소변도 볼 겸 몸이 근질근질하여 화장실에 갔습니다. 볼일을 보고 손을 씻고 무심코 거울 보았습니다.

목이 가려워 손을 목으로 가져가며 턱 아래 가슴 부문이 제 시야에 들어왔습니다. 이젠 빨강 문신 같은 그림이 목 부문부터 가슴 전반에 그려져 있으며 영어 알파벳 (alphabet) C 자형을 하고 있었으며 가렵기는 한층 더 심했습니다. 후회막급이었습니다. 그때부터 지금까지 약을 먹으면 좋아졌다가 먹지 않으면 또 나타나고 반복하는 것입니다.

동네 피부과 의원은 물론 대구에 있는 이름난 피부과 의원은 한곳도 빼지 않고 다녔습니다만 낫지 않았습니다. 대학병원 심지어는 서울에 있는 유명 종합병원을 무려 7개월 동안 보름마다 올라가 치료해도 나을 기미를 보이지 않는 것입니다. 그러기를 5여 년 술은 이젠 입에 대지도 않습니다. 제사 후 음복주도 한 잔 하지 않습니다. 모임에 가면 술을 못 먹는 사람으로 여깁니다. 권하는 친구도 없고 으레 건배는 물 아니면 사이다로 합니다. 이렇게 변했습니다.

주위에 있는 친구며 지인 중에 젊었을 때 저와 함께 질펀 걸렸던 분 중 더러는 술 때문에 술병{술을 평소 즐기기는 하나 멀쩡하던 사람이 돌연사(死)하는 경우 이는 술로 인한 급성 뇌 질환이나 심장 질환은 아닐까요? 더러는 술로 인한 후유증으로 병원 신세를 지는 분명한 환자도 봅니다}에 하느님 나라로 급히 가는 경우를 요즘은 가끔 봅니다.

이러니 술을 끊게 하신 저에 대한 또 한 번의 크신 하느님의 사랑을 느낍니다. 젊을 때 담배를 끊지 않았다면 지금은 이 세상 사람이 아닐 것이며 그리고 두드러기란 놈의 더부살이가 없었다면 세월 흘러 기력이 소진해진 지금 술로 인한 또 다른 무슨 불상사나 좋지 않은 일로 마음이 괴로워하지 않았을까? 아니 죽음에 이르게 하지 않았을까? 생각하니 하느님께서 특별히 저를 어여뻐하시어 저에게 주신 은총의 선물일 것이다. 생각하면서 이젠 두드러기란 놈이 한집에서 가시나무처럼 비켜 살며 수년 동거해 왔습니다.

지금쯤 슬며시 사라져도 마냥 기쁠 것이며 두드러기란 놈이 없어져도 술과는 인연이 다시 이어지지는 않을 것이다 자신하면서 약간은 고통이 따르는 두드러기로 하여금 술에서 해방토록 하신 하느님의 사랑을 깊이 느끼면서 감사를 드립니다.

두 번째 하느님의 사랑은 이런 방법으로 저를 초대했습니다. 하느님의 심오(深奧) 한 사랑 법을 깊이 느끼면서 감사한 마음으로 살아갑니다.

통일을 위하여

아름다운 과거는 추억으로 간직하며 되새김하지만 찢어진 아픈 과거는 망각의 틀 안에 가두어놓고 끄집어내기조차 싫어합니다. 우리가 그렇습니다. 단군 이래 가난이 한 되어 잘 살아보자고 서독으로 가서 남자는 광부로 수십 미터 지하 갱도에서 얼굴에 석탄가루를 꺼멓게 뒤집어쓰고 남의 나라 땔감인 석탄을 캐는 막장의 인생을 살았다.

여자들은 하얀 가운을 입고 우아하게 병실에서 환자의 팔을 탁 탁 두드리며 고무줄로 살이 많아 보이지 않는 심줄을 찾아 주사를 놓는 줄 알았지만 장의사(葬儀社)가 하는 일로 알았던 덩치 큰 죽음인 온몸 털복숭아 같은 이국(異國) 남정네 시신을 구역질해가면서 닦아야 하는 일인 줄은 예전에 미처 정말이지 알지 못했다.

그 후에도 열사의 나라 사우디 사막에서 모래 바람을 먹어가며 건설 노동자로 도로를 만들고 집을 짓기도 했다. 리비아 대수로 공사장에서 관정으로 세계에서 가장 긴 물길을 잇기도 했다.

월남에서는 비 오듯 쏟아지는 전선에서 용케도 총알이 피해 여럿 죽음 가운데 들지 않고 제 발로 걸어서 돌아온 행운으로 부모님에게 논밭 사 드려 그간의 걱정은 태산이었으나 목숨 걸고 싸움터에서 돈 벌어 붙여진 효자 소리, 어느 날 갑자기 하늘에서 뚝 떨어진 돈으로 일으킨 경제가 아니고 70년대 전후에 살았던 우리들의 피와 땀 목숨과 바꾼 그 돈으로 이만한 경제 이룬 것이다. 우리들 세대는 한 (우리) 세대 희생으로 단군 이래 가난을 끊을 수 있다면 그 듣기 거북한 보릿고개를 뭉갤 수 있다면 우리 세대가 하자며 외쳤던 70년대 경제 선각자의 말씀을 말할 필요도 없이 합의하자며 도장 찍은 일 없지만 이심전심으로 똘똘 뭉쳐 열심히 일한 것이 합의로 나타났다.

그 합의는 소리 소문 없이 함성이 되어 갯벌에 밀려오는 밤바다 밀물같이 온천지를 덮은 것이다. 그 함성이 88 올림픽 때 아-아 대한민국 짝짝 이어져 4강의 신화를 만들어 낸 원동력이었음을 우리는 믿는다.

지난 세월에 일어난 그러한 무언의 합의가 다시 일어나 우리 사회 전반에 한 번 더 바람이 불어야 한다. 그렇게 되어야만 한다. 그래야만 헤어질 수 없는 피를 나눈 우리들 형제 이북동포 언제나 보고 지고를 외치다 돌아가신 우리들 어버이들의 한(恨)을 풀어드리고 동네 깡패 같은 이북 권력 집단에 의하여 굶주림과 온갖 위험에서 신음하는 이북 형제들을 구하여 다시 우리들 품 안에 품을 수 있지 않겠습니까?

사람 목숨이 파리 목숨보다 못한 북한의 현실은 말을 하지 않아도 다 아는 사실 아닙니까? 이를 보고도 못 본 체할 수 없는 것은 피를 나눈 형제이기 때문만이 아닙니다. 하느님으로부터 받은 인간의 존엄성을 최고의 가치로 여기면서 자유민주주의 하늘 아래에서 사는 우리들이기 때문입니다.

지금 좌다 우다 진보다 보수다 할 겨를이 없습니다.

진보라고 해서 뒤를 돌아보지 않고 넘어지는 것도 모르고 삐딱하게 앞으로만 가는 것이 아니라면 보수라고 앞뒤 꽉 막혀 숨 쉴 구멍조차 없이 해놓고 기까지 꽉 움켜쥐고 이것도 싫다 저것도 싫다 하는 것 아니라면 온고지신(溫故知新)을 현대에 맞게 옛날 좋은 것은 더 좋은 것으로 바꿔 가도록 하고 다시 새로운 좋은 것을 만들고 사용하는 보수, 이렇게만 하면 진보나 보수 무슨 차이가 있나요?

과거의 시대정신은 가난을 벗어나기 위하여 열심히 일한 것이라면 지금의 시대정신은 이해하고 용서하며 서로 도와주는 한 단계 승화시켜 나 자신을 위해서는 적고 작게, 남을 이해서는 크고 넓게, 모두를 위해서는 정직하게, 이렇게 정해 봅니다.

더욱 우리들 후손의 안정된 미래를 위해서는 우리들 손으로 통일을 이루어야 합니다. 후대에 넘겨 또 피를 흘리게 해서는 안 됩니다. 통일은 과거 열심히 일한 시대정신 바탕으로 하여 지금의 정직한 사회를 구현하는 정신으로 다시 힘을 합치면 능히 가능하리라 생각합니다.

선진국
그 아무 나라나 되는 것 아니다

제2차 세계대전(1939-1945년)을 일으킨 독일 일본 이태리 등 3개국이 패망한 지도 어언 70여 년이 넘어 많은 세월이 흘렀습니다. 전승국 영국과 프랑스보다도 독일과 일본이 경제적으로 더 발전하여 세계 제3.4위의 경제 대국이 되었습니다. 유럽에서는 선진국으로 발전한 독일은 유럽의 경제위기에서 리더(leader) 국으로 유럽 전체 경제위기를 극복해야 하는 책임 있는 국가의 모습으로 바뀌었으며 일본은 그 패전 속에서도 눈부신 성장으로 최근에는 경제 규모에서 중국에게 2위의 자리를 넘겨주었습니다만 개인 소득에서는 중국은 아직도 일본을 따라가기는 요원한 모습으로 누구나 다 인정하는 일등 국가로 자리매김하고 있습니다.

독일과 일본은 어찌하여 무엇 때문에 경제 대국이 되었으며 선진국으로 발돋움한 것일까요? 그 원인은 무엇이며 어떻게 하여 이룩한 것일까요? 한번 생각해 봅니다. 오래전에 독일로 유학을 가셨다 오신 어느 신부님께서 독일인의 정직성을 우회적으로 표현하신 말씀이 일리가 있어 소개할까 합니다.

어떤 모임에서 유희 삼아 우리 유학생들이 맥주병 마개를 일회용 라이터로 뻥뻥 소리를 내가며 따는 것을 보고 파란

눈동자를 이리저리 굴리며 신기하게 여기며 박수를 칩니다. 우리 학생이 한 발 더 나아가서 나무젓가락(양쪽이 붙어있는 것을 떼지 않은 상태)으로 빵빵 소리를 내며 따는 것을 보고는 경이의 눈으로 바라보면서 우레와 같은 박수를 보내는 것입니다. 저들은 도저히 해 보지도 않았지만 할 수도 없다는 모습이었습니다.

우리나라에서는 흔히 존재하는 길거리 포장마차나 간이식당 아니면 더 큰 회관에서도 병따개(오프너)가 없으면 한 두 사람은 능히 라이터 또는 숟가락 심지어는 나무젓가락으로 호기 있게 빵빵 병마개를 쉽게 따는 것을 볼 수 있으며 어느 누구도 신기하게 여기지는 않습니다.

독일 사회에서는 이러한 모습은 눈을 씻고도 찾아볼 수 없다는 것입니다. 한 눈 팔지 않고 정도를 중히 여기며 답답할 정도로 융통성이 없다는 얘기도 됩니다만 그만큼 원리 원칙을 중히 여기며 표준을 규격을 규칙을 지킨다. 다른 말로 표현하면 정직하다고 할 수 있겠습니다. 일회용 라이터 또는 숟가락 심지어는 나무젓가락으로 호기 있게 빵빵 병마개를 쉽게 따는 것이 정직과 무슨 상관이 있겠습니까마는 이는 원리 원칙을 중요시한다는 우회적인 표현일 수 있습니다.

이웃 일본은 또한 어떻습니까? 정리정돈을 잘하며 질서정연하며 타인을 배려하는 마음 즉 나 한 사람보다는 공공의 이익을 더 중히 여기는 민족이라 생각이 듭니다.

일본 여행 중에 그들은 과연 어떨까? 동네 구석진 골목은 어떨까? 아침 청소부가 청소하기 전 적나라(赤裸裸)한 모습을 보기 위하여 이른 아침에 도시의 뒤 골목을 걸었습니다. 역시나 내가 듣던 얘기와 같이 골목은 깨끗했습니다. 우리들 주위에서 흔히 보아온 담배꽁초나 종이 나부랭이 한두 개 정도 보일까 거의 없었습니다. 그들 삶의 모습을 볼 수 있었으며 한눈에 삶의 지혜가 뒷골목에까지 자리하고 있었습니다. 정말 무서운 민족이라는 생각을 떨쳐 버릴 수가 없었습니다.

기다림은 서로에게 유익하다. 오랜 세월 동안 시달려온 지진과 해일 등 자연재해에 단련된 숙련은 조급하다고 되는 것도 아니고 나 혼자만 살겠다며 서두르는 것 또한 모두에게 더 많은 상처만 줄 뿐 자기마저도 살 수 없다는 결과가 결국은 공동체 의식이 마음 가운데 자리하게 한 것 아닌가 생각이 됩니다. 천재지변이 일 때 인간이 할 수 있는 최대의 지혜는 기다림이라는 것을 저는 보고 배웠습니다. 더욱 지난 2011년 3월 11일 일어난 진도 9.0 후쿠시마 일원에서 일어난 지진으로 인하여 해일이 밀려와 수없이 많은 인명과 재산을 바닷물이 휩쓸어갈 때 그곳에 사시는 동부지방 주민들의 모습은 과연 어떠하였습니까? 사재기다. 새치기이다. 강탈이다. 폭력이다. 어느 부정적인 모습은 볼 수 없었습니다. 기다림의 지혜를 알고 실천하는 긴 줄이 되어 서 있는 그들의 모습은 어쩌면 걸어가는 인조인간이거나 미라가 살아서 걸어가는 모습을 하고 있다 해도 과언은 아니었습니다. 긴 줄이 된 그들이 사서 들고 나오는 두 손에는 한아름의 물건은 없었습니다. 한두 개 정도의 일상 사용하는 물건만이 손에 들려 있었습니다. 일상의 모습과 조금도 다름이 없는 저 모습들 그들은 과연 무엇이 저들로 하여금 저렇게 만든 것일까? 한 번 더 생각해보는 기회를 주었습니다. 뒤 사람에게도 기회를 주는 배려하는 마음, 적고 작은 것이라도 서로 나누어 가져야 한다는 공동체 의식은 패전으로 인한 아픔 속에서도 죽고 부서지고 부족하고 망가지고 성한 것이 남아 있지 않은 더구나 두 도시에 투하된 원자탄의 불덩이 속에서도 지금의 일본을 있게 만든 원동력이었을 것이다. 단정해 봅니다.

더욱 저들의 대중매체는 호들갑 떨지 않고 국익에 반하는 보도를 자제하며 선동하지 않고 부추기지 않는 절제된 언어의 사용은 국민을 안정시키는 데 일조하고도 남음이 있겠다. 생각하면서 우리들의 보도 매체와 비교하며 우리들도 저러한 태도는 배워야지 하는 생각마저 들게 했습니다.

독일 게르만 민족과 스스로 칭하여 대화 민족 즉 야마도 민족을 중심으로 형성된 단일민족이라는 두 민족의 눈부신 경제발전과 선진국으로 진입하는 원인은 이기심을 누르고 남을 배려하며 공공선을 우위에 두며 국민의 정체성은 정직이다. 그 한마디로 요약할 수 있다 하겠습니다.

그리고 근면 성실이 뒷받침되어 지금의 두 나라가 만들어졌다 해야 옳을 것입니다. 어쩌다 두 나라 국민들의 머리가

고만고만하여 돈을 벌어 경제가 발전하고 국민 소득이 높아 선진국이 되었다. 특히 일본은 6.25 한국전쟁 때 전쟁 특수로 인하여 전쟁 물자를 팔아 부강하게 되었다 라며 깎아내리려 합니다만 그것만으로는 선진국이 될 수 없음을 앞의 예에서 보듯 국민의 정직성과 근면성 협동성이 그것을 증명하고도 남음이 있습니다.

정직은 믿을 수 있는 사회를 만들 수 있는 기초이며 주춧돌이며 기둥이며 대들보이며 그 모두입니다.

13억 인구의 중국은 년 7% 이상의 성장률을 기록하고 있습니다. 어떤 사람들은 저 무서운 경제 성장률을 보면서 멀지 않은 장래 즉 2030년에는 미국을 앞질러 경제 대국이 될 것이라고 합니다. 물론 그렇게 되지 않으리라는 법도 없습니다만 아닌 이야기로 되라는 법 또한 없는 법입니다. 어찌 보면 말싸움 같기도 합니다만 지금과 같이 공무원의 부정이 만연하고 부패가 횡행하며 작은 시골 마을에서도 국가기관의 큰 상층부까지 온 천지 "먹거리 입을 거리 사용할 거리 탈거리 등" 온갖 것에서 부정식품이나 짝퉁이 판을 치며 거짓이 난무한다면 멀지 않아 세계인으로부터 외면을 당할 것이며 자기들까지도 스스로 믿지 못하여 서로를 배척하는 우스꽝스러운 꼴로 바뀌고 말 것이며 이것이 족쇄가 되어 또 다른 개혁이니 변화를 시도한다 해도 먹혀 들어가지 않아 이를 극복할 힘마저 없어져 버리고 너무 많은 부정과 부패에 익숙한 나머지 스스로 무너져 하루아침에 물거품이 되고 말라는 법 또한 없지 않습니다.

원래 건설은 어렵고 파괴는 무척이나 쉬운 것이니 말입니다. 이것이 파괴의 본질이며 전쟁이 곧 파괴의 본모습입니다. 잘 나가는 기업이 어느 날 갑자기 부도가 나는 것을 종종 봅니다. 방만한 경영으로 인하여 그럴 수도 있지만 종사원 한 사람 한 사람의 누적된 잘못이 쌓여 일어나는 것이 태반입니다. 개인이나 나라 다 같습니다. 규모가 크고 작고 적고 많은 것 외에 다른 것 전혀 없습니다. 개인이나 국가 모두가 다 사람이 하는 것이니 만큼 별반 차이가 없다고 봐야 할 것입니다. 백 층 높은 빌딩을 건설하려면 수없이 많은 사람과 장비 천문학적인 돈 그리고 수년의 세월이 흘러야 가능합니다만 이를 파괴하려면 몇 분의 시간과 폭약만 있으면 가능합니다. 미국 뉴욕에서 일어난 비행기 테러(2001년 9월 11일)로 쌍둥이 무역회관이 폭삭 내려앉은 것을 우리는 우리들의 눈을 의심하며 보았습니다. 파괴의 본질을 이를 증명하고도 남음이 있습니다.

국민 하나하나가 다 정직하면 믿음의 사회가 형성되며 이 믿음의 사회에서는 모든 것이 다 물 흐르듯 하여 막힘이 없어 모든 것 다 정상적으로 운영되어 더 더는 비용 또한 발생하지 않는 것입니다. 부탁도 뇌물도 공모도 사재기도 담합도 밀어주기도 끌어당기기도 없으니만큼 생산비용 유통비용 소비 비용 마무리 비용 또한 없을 것입니다. 정상적인 비용 외에 더 더는 비용 없는 것만큼 생산원가는 낮아지고 물건은 더 팔릴 것입니다. 잘 만들었는데도 값은 떨어지고 그러니 더 잘 팔리고 하다 보면 선순환으로 이어져 경제가 활성화되며 이익은 더 많아지며 국민의 생활은 더 윤택해지기 마련입니다.

기억 저편

글을 쓸 때마다, 아니 깊은 생각에 잠길 때마다, 저 먼 기억 저 편에서 얘기하시는 선조들의 자성(自省)의 목소리를 듣습니다.

넓은 만주 벌판을 두고 반도로 내몰려 쪼그라들어 강대국의 눈치나 살피면서 전전긍긍하며 약소국(弱小國)으로 살아야 하는가를?

이렇게 말씀하십니다. 답은 둘이다.

하나는 국민 모두가 정직하면 된다.

둘은 학연 지연 혈연 학맥 인맥 혈맥 이것을 버리면 된다.

하나의 다리를 건설하는 경우를 예를 들어 말해 보겠습니다. 수주를 받기 위해서는 발주자인 공무원에게 뇌물을 주어야 합니다. 또 건설을 감독하는 힘 있는 기관에 잘 봐달라며 또 갖다 바쳐야 합니다. 또 업자끼리 너무 경쟁하면 서로가 이로울 것 없으니 담합하면서 얼마간의 담합 비용을 돌려야 합니다. 그리고 신문사나 방송국 즉 힘 있는 다중매체에도 손을 써야 합니다. 그렇지 않으면 의혹이나 징조가 있다거나 두들겨 패면 당할 자 없습니다.

그리고 때에 따라서는 손 벌리는 사회단체에도 입바른 소리 하지 못하도록 몇 푼 또 집어 주어야 합니다. 이러다 보면 이익 될 부문은 이처럼 핫바지 방귀 새듯 빠져나가 버리고 이익을 채우려니 시작부터 부실이 뻔한 공사를 시작해야 합니다.

얼마 전 신문이나 방송 보도 내용입니다만 완공한 지 얼마 되지 않은 다리가 시멘트가 다 떨어져 나가 부는 바람에도 푸석푸석 모래알 같이 날린다는 기사를 접했습니다. 뇌물도 한두 가지라야지 이러다 보니 시작단계에서부터 부실공사입니다만 그래도 감추는 데는 귀재라 색칠하고 조명등 켜고 현수막 걸고 곱게 단장하면 감쪽같습니다만 세월이 부실을 말해줍니다. 어느 날 우르릉 꽝 하며 넘어집니다. 성수대교(1994년 10월)가 그렇게 무너졌고 일 년이 지나지도 않았는데 삼풍백화점(1995년 6월) 또한 내려앉아 세계 사람들에게 낯을 들고 다닐 수 없는 지경이 되고 말았습니다. 이의 손실은 또한 고스란히 국민의 몫이 되고 말았습니다.

무엇이 잘못되었다고 하면 흔히들 토정비결이 어떻고 사주관상이 어떻고 운세가 어떠니 하면서 뇌물 주고 속이고 감추고 나눠 먹고 뺑튀기하는 고질적인 병폐에 원인을 찾기보다 사업 외적인 곳으로 눈을 돌려 또 무마하려 한다면 반성의 기회 또한 없으니 개선의 기회도 잃게 됩니다. 정확하게 설계하고 규정대로 시행하며 성실하게 시공한다면 잘못될 일 전혀 없습니다. 천재지변 이외는 무너질 이유가 없는 법입니다.

이것저것 다 빼먹고 누더기로 깁는데 아니 무너지는 것이 이상하지 않을 수 없습니다. 이러한 사회가 그래도 많은 사람들이 허리띠 졸라매면서 불철주야 노력하여 국민 소득을 3만 불 가까이 되도록 노력하였습니다. 이제까지는 이것 끼우고 저것 떼어 메우고 하여 그럭저럭 꾸려 왔습니다만 지금부터가 중요합니다. 전에는 전쟁의 후유증으로 신음하는 한국이니까 조금은 부족해도 모자라도 비뚤어져도 세계 국가들이 한 번쯤은 봐주었습니다. 지금부터는 모든 것이 다 정상적으로 물 흐르듯 하는 사회여야 하며 국가의 모습이어야 합니다. 그래야만 세계인들과 경쟁에서 이길 수 있습니다. 그것이 무엇이겠습니까? 그리 어려운 일 아닙니다. 그것은 국민 모두가 다 정직한 사람이 되는 것입니다. 그럼 어떻게 하면 그러한 국민으로 모두가 다시 태어날 수 있겠습니까?

병자호란 때에도 임진왜란 때에도 백성은 건강했습니다. 진실했습니다. 애국심도 있었습니다. 나라에 녹을 먹던 이들이 버리고 도망을 가버린 무기를 들고 싸웠습니다. 민족의 영웅 이순신께서 목숨 걸고 싸우실 때 옆에는 힘없고 이름 없는 민초들이 함께 힘을 보탰습니다. 일본 군인들을 몰아내고 이겼습니다. 그런 백성들이었습니다. 위에서 어떻게 하느냐에 따라 이 백성들은 달라질 것입니다. 우리나라는 대통령 중심제이기 때문에 대통령이 어떻게 하느냐에 따라서 달라질 것입니다. 윗물이 맑아야 아래 물이 맑다는 우리 속담을 인용합니다. 우리나라의 정체성은 무엇인가 반문해 봅니다. 민주주의다 시장경제다 이러한 것은 부차적인 문제입니다. 우리나라의 정체성은 바로 정직한 국민성이다. 이것이 옳은 생각입니다. 국민 모두가 정직하게 되려면 어떻게 하느냐 하는 것은 여러 방법이 있겠습니다.

대통령 자신부터 솔선수범하십시오. 퇴임하시면 연금으로 일생을 여유롭게 존경받으며 충분히 사실 수 있습니다. 지금 가지고 계신 재산은 모두 사회 환원하시어 만대에 남을 귀감을 만드십시오. 엉터리도 쇼 적인 환원이 아니라 정말 환원하십시오. 그리고 바른 인성 교육에서 해답을 찾으십시오.

유치원 때부터 정직에 대한 교육 공동선에 대한 교육 삶의 가치에 대한 교육 자기가 하고 싶은 것을 하며 살아가는 교육을 하십시오. 지금의 교육은 어떻게 하면 돈을 많이 벌고 떵떵거리며 사느냐 하는 물신 교육입니다. 아니지요 교육도 아닌 돈 버는 기계를 만드는 교육이지요. 그러니 바꾸세요. 판검사나 의사만이 사람다운 삶을 사는 것은 아니다 더 나가서는 좋은 사람이 되는 교육 등 남을 돕고 배려하는 교육을 즉 인성교육에 우선순위를 둡시다. 그리고 공직자는 일벌백계(一罰百戒)하십시오. 공직자는 돈은 버리고 명예를 얻도록 하세요. 정말 깨끗한 공직 사회가 된다면 모르긴 몰라도 지금 공무원 봉급을 많이 올려 주어도 능히 가능 하리라 생각됩니다. 부정한 돈 부패한 돈 아마 많을 것입니다.

인적자원의 효율을 극대화하기 위하여 학력과 일자리의 상관관계를 연구하여 적재적소 인원을 산출하여 불필요한 학력의 낭비를 줄이도록 하십시오. 우리들 자식들이 머리가 되지 않는데도 또 싫은 공부를 억지로 하지 않아도 될 것이며 의사 판검사 아니라도 목수로 미용사로 건설 현장에서 미장 일을 하더라도 섬유공장에서 직수로 살아가더라도 낮은 임금의 상당 부분을 국가에서 보전해 주는 제도 도입, 제도 보완이 필요합니다.(장기근속 때 보전하는 등 장치와 함께) 이러한 일련의 조치는 어느 누가 하더라도 해야 하기 때문입니다. 남들에게 존경받으며 살아갈 수 있는 사회가 되도록 삶의 문화를 바꿉시다. 이렇게만 되면 구태여 자질 없는 아이 스트레스 받아 가며 많은 돈 써가며 과외공부 억지로 시키지 않아도 될 것입니다. 정직한 국민 바른 사회 이는 우리나라가 선진국으로 가는 지름길이며 세계 속에서 긍지 높은 국민으로 존경 받을 수 있는 최선의 길입니다.

야탑에서 강동까지 (수녀님을 뵈오려)

아침에 둘째가 바쁘다면서 빵을 드시는 것이 어떠냐고 묻는다. 물을 때는 내가 무엇을 먹을까 하는 생각보다는 딸의 처지를 헤아리는 것이 먼저라는 생각이 든다. 월요일 아침이라 무척 바쁜 모양이다. 아이 둘을 혼자 손으로 키우며 또 직장에 다니면서 아르바이트까지 하니 오죽할까? 생각하고 말고 할 것 없다. 나는 잡식성이라 무엇이나 다 기쁜 마음으로 잘 먹는다. 무엇이 몸에 좋다며 여기저기 TV에서 경쟁적으로 방송을 하더라도 나의 지론인 여러 음식을 가리지 않고 골고루 기쁜 마음으로 잘 씹어 먹으면 그것이 보약이라 믿는 식습관을 가진 나이기에 굳이 반대할 이유도 없다.

“아빠는 아무것이나 잘 먹잖아” 하면서 동의를 했다.

전날 저녁을 먹으면서 내일은 강동성심병원으로 마산 양덕성당에서 젊을 때 영성적으로 이끌어주셨던 수녀님과 헤어진 후 30여 년 만에 만나 뵈올 약속을 했으니 가는 길을 좀 적어 달라 했다.

(엄마가 아빠 월요일에 수녀님을 뵈옵는다는 얘기를 한 모양이다. 딸애는 벌써 알고 있었다.)

딸이 인터넷을 검색하여 적어준 길은 야탑 → 수서(3) 오금방향 → 오금(5) 방화 방향 → 강동에서 하차 2번 출구라고 적은 쪽지를 받아 남방 위 주머니에 넣어둔 것을 다시 꺼내 보면서 식탁에서 딸과 손자 손녀와 같이 아침을 먹어다. 사위는 아침도 먹지 않고 늦었다며 인사를 하고 출근하였다. 후식으로 커피 한 잔을 마시면서 딸이 하는 말이

"아버지 오늘은 참 기분이 좋아 보이십니다." 한다. 딸이 초등학교 시절의 수녀님께서 귀여워하셨던 옛 기억이 아마 되살아났던 모양이다. 조심해서 다녀오시라 하면서 먼저 아이를 데리고 집을 나갔다. 조금은 흐트러진 집을 정리하고 그래도 시간은 많이 남았다. TV를 켜고 이리저리 채널을 돌려본다. 지상파도 별 볼만한 프로가 없고 종편은 몇 사람이 마주 앉아 시답잖은 얘기를 하면서 말 따먹기를 하고 있다.

(이북 인민군 1개 소대가 흰 깃발을 들고 풀숲을 헤치며 내려오는 가슴 한복판을 확 뚫리는 그런 기막힌 일이 일어나야 특종인데 매일 특종 기사이니 보고 듣는 것도 신물이 난다. 나는 멀지 않은 장래 그러한 날이 반드시 오리라 믿는다)

TV를 끄고 집에 있자니 딱히 할 일도 없고 운동 겸해서 샛강을 걸어가는 것이 좋을 것 같아 집을 나섰다. 내 걸음으로 야탑역까지는 대충 25여 길이다. 샛강에는 물은 많지 않아 내려가는 흉내만 내는 것 같다. 물소리에 귀를 가져간다. 소리는 들리지 않고 가끔 새소리가 약간은 더운 개울 길을 그나마 상쾌하게 해준다. 걸어가면서 생각은 나래가 되어 30년 전으로 뒷걸음이다.

검은 수녀복에 이마에서부터 머리까지 검은 수건을 쓰신

적당한 키 약간은 둥글며 조금은 갸름하신 항상 해맑은 미소를 머금으신 30대(代) 중반의 수도자로서 익숙하신 임마꿀랏따 수녀님의 모습이 기억의 저편에 필름(film)이 되어 30년 전으로 훌쩍 세월을 거슬러 올라간다. 어떻게 변하셨을까? 강산이 세 번이나 변한 그 세월의 흔적은 세상의 온갖 풍파를 기도로 넘고 견디었을 것이라 생각하니 수녀님께는 아마 비켜 가지 않았을까? 생각이 들었다.

세상일에 연연하지 않으시며 오직 하느님만을 바라보시며 기도와 봉사로 또는 희생으로 사시니만큼 비켜 갈 것이다. 이런 생각을 하면서 뵈면 무슨 말씀부터 드릴까? 어린아이 소풍 가는 마음으로 지하철에서 읽으려고 들고 다니는 시와 수필의 만남, 책장을 넘기면서 보는 것은 건성이고 수녀님 생각으로 가득했다. 들고 간 9권 첫 장에 시를 읽어 본다.

하느님은
얼마나 좋으신 분이신지
나보다 나를 더 잘 아시며
나보다 나를 더 사랑하시는 하느님이시다.
하느님 말씀을 전하는 것은
하느님을 믿으며
이 세상을 잘 살다 언젠가는 사랑하는 사람과 함께
하느님 나라에서 영원히 살기를 바라기 때문이다.
태어남과 죽음은 자기 의지와 상관없이 일어납니다만

죽음 이후 사후세계(死後世界)는 이 세상 삶의 결과에 따라
가려지느니만큼 모두가 자기 책임이며 삶의 결과물입니다.
그러니 잘 살아야 하는 것은 두말할 필요가 없습니다.

지나온 세월 위 시와 같이 잘 살아왔던가? 혹 수녀님이 하문하신다면 예하고 대답 드릴 수 있을까? 아니 내가 이렇게 생각하는 것은 나 혼자만의 생각일지도 모른다. 혹 수녀님은 그저 세월의 뒷길에서 본당 여기저기를 다니시며 그 많은 사람들 가운데 희미한 기억 속 한 사람으로 아니 기억마저도 온전히 간직하지 못할 수도 있다는 생각이 들기도 했지만 나와 수녀님과의 전화 통화나 아내와 통화에서 오는 여러 가지 말들 중에 과거 일들을 기억하시는 것을 보면 나를 기억하실 것이라는 생각은 그리 틀리지 않을 것이다. 라는 확신을 가졌다.

두 번의 환승 후 강동역에 내려 강동성심병원을 찾았다. 2번 출구에서 오른쪽으로 조금 가니 높다란 성심병원의 건물이 보였다. 건물 안으로 들어가니 왼편에 음료수나 커피를 마시며 쉬어 갈 수 있는 쉼터 같은 공간이 마련되어 있었다. 두 사람이 마주 볼 수 있도록 놓아둔 의자에 앉아 사무실에 전화를 드렸다. 오늘은 비번이시어 나오시지 않으셨다며 핸드폰 번호를 가리켜 주시기에 바로 전화를 드렸다. 폰에서 흘러나오는 음성은 옛날 음성 그대로이시다. 세월은 흘러도 지문같이 음성은 변하지 않는 모양이다. 바로 내려오시겠

다며 전화를 끊으신다. 잠깐 앉아있다 자리에서 일어나 출구로 갔다. 저만치 앞에 넓은 흰 모자에 여름 흰 수녀복을 입으신 한 분이 병원으로 들어오신다. 단번에 수녀님임을 알아볼 수 있었다. 조금은 세월의 흐름을 느낄 수 있었지만 역시 하느님과 사시는 수녀님이시기에 아마 세월도 더디 가도록 하신 모양이신가 보다. 얼굴에 역시 웃음 띠신 수녀님 손을 잡고 고개를 숙이며 아이코! 수녀님이란 이 말 한마디가 인사가 되었다.

집에 돌아와 이 글을 쓰면서 처음 무슨 말씀을 어떻게 올렸는지 모르겠다. 짧은 시간 동안 한참에 여러 가지를 말을 많이 하다 보니 뒤죽박죽이 되지 않았을까? 걸어가면서 우선 점심시간이라 식사를 하시지요. 하면서 건사한 집으로 가시자며 어디가 좋을까? 말씀드리니 근처에 괜찮은 순두부 집이 있다 하시며 그곳에 가자하신다. 30년 만의 해후(邂逅)에서 겨우 순두부 집(먹고 난 후 보니 좋은 식단이며 맛이 있었습니다)하며 좀 더 근사한 곳으로 가고 싶었지만 수녀님께서 굳이 원하시니 순두부 집에 자리를 잡았다. 마주 앉아 다시금 수녀님을 뵈오니 역시 세월의 흔적은 어쩔 수 없었다. 그러나 내가 수녀님을 만나 뵈오려 오면서 생각한 모습과 크게 어긋나지 않았으며 지난날 그 양덕 성당에서 맑게 웃음 띠신 그 모습과 별반 다름이 없었다.

수도자를 볼 때 정면으로 빤히 쳐다보는 것도 옳은 배움이 아니라서 지나가는 눈으로 바라보면서 느낀 바는 단지 몇 올

옅은 주름과 자국만이 지난 세월의 흔적을 말해 주고 있었다. 역시 하느님은 수도자들에게는 세월이란 지게에 올려놓은 짐도 무게도 덜어드리는가 봅니다.

두어 시간 수녀님과의 식사는 후딱 지나갔습니다. 제가 태어나서 이렇게 많은 말을 한 적 없었습니다. 달변이 아닌 나이지만 이날은 줄줄 흐르는 물과 같이 마구 튀어나왔습니다. 부산에서 마산을 거처 옛 지명인 삼천포에서 일 등 그리고 대구 서울서의 일이며 경기도 여주를 돌아 다시 대구까지 지난날을 보고하듯 한 것 같았습니다. 세월의 굽이굽이 마다 생긴 한 고비 고비를 하소연하듯 말씀드렸습니다. 즐거웠던 일은 물론 어려웠던 일까지도 가끔은 수녀님이 지금은 어디에 계시는지 아내와 나눈 이야기까지도 아마 신부님께 고해성사를 드리듯 말씀드렸습니다.

저의 이야기 중간중간에 수녀님께서도 페루며 로마로 국내 여러 곳에서 수도자의 삶을 들려주셨습니다. 그리고 세월 가운데 가끔은 우리 가족들을 기억해 주심에 감사드립니다. 싱그러웠던 그 젊은 날 넓고 푸른 마음으로 살며 나름대로 신앙인의 삶을 살려 하다 조금은 엇길로 발을 들여 놓으려면 조용히 신앙생활의 바른길이 무엇이며 그 길 가도록 가르쳐주셨던 수녀님! 아름다운 그때 그 시절 수녀님과의 만남이 즐거움이었고 행운이었다 말씀드리며 30년 만의 만남의 소회를 따뜻한 가슴으로 적어보았습니다.

앞으로 얼마나 남은 세월인지 알지 못하지만 가끔은 뵈올 수 있는 기회 만들 것을 약속드리면서 짧은 만남이었지만 참으로 큰 기쁨이었습니다. 돌아오는 길 내내 휘파람 불며 젊은 날에 꿈 많던 시절 바람 따라 출렁이는 5월의 푸른 보리밭이랑을 걸어가듯 들뜬 마음이었습니다.

2015년 5월 11일, 붉은 장미가 만발한 날

문학세계대표작가선 975

삼호 가는 길

권동웅 잡품집 제2집

인쇄 1판 1쇄 2022년 9월 15일
발행 1판 1쇄 2022년 9월 22일

지 은 이 : 권동웅
펴 낸 이 : 김천우
펴 낸 곳 : 도서출판 천우
등 록 : 1992. 2. 15. 제1-1307호
주 소 : 서울시 성동구 무학봉28길 6 금용빌딩 2F
전 화 : 02)2298-7661
팩 스 : 02)2298-7665
http://blog.naver.com/cw7661
E-mail : chunwo@hanmail.net

값 18,000원

ISBN 978-89-7954-877-8